BEMERKUNGEN ÜBER DIE FARBEN

REMARKS ON COLOUR

BEMERKUNGEN ÜBER DIE FARBEN

Ludwig Wittgenstein

Herausgegeben von
G.E.M. ANSCOMBE

University of California Press
Berkeley and Los Angeles, California

REMARKS ON COLOUR

Ludwig Wittgenstein

Edited by
G.E.M. ANSCOMBE

Translated by
Linda L. McAlister and
Margarete Schättle

University of California Press
Berkeley and Los Angeles, California

UNIVERSITY OF CALIFORNIA PRESS
Berkeley and Los Angeles California

First Paperback Printing 1978
ISBN: 0-520-03727-8

Library of Congress Catalog Card Number: 76-40595

Printed in the United States of America

2 3 4 5 6 7 8 9

VORWORT DES HERAUSGEBERS

Abschnitt III dieses Bandes gibt den Hauptinhalt eines im Frühjahr 1950 in Oxford verfaßten Manuskripts wieder. Ausgeschieden wurden Bemerkungen über das Problem "Innen-Außen" und über Shakespeare, sowie Reflexionen allgemeiner Art. All dieses war von Wittgenstein als nicht zum Text gehörig gekennzeichnet. Es wird in späteren Bänden veröffentlicht werden.

Abschnitt I wurde in Cambridge im März 1951 geschrieben. Er stellt, außer einigen Zusätzen, eine Auswahl und zugleich eine Revision des früheren Materials dar.

Ob Abschnitt II aus einer früheren oder späteren Zeit stammt als Teil III, ist nicht klar. Er wurde niedergeschrieben auf lose undatierte Blätter, die außerdem auch Aufzeichnungen über Gewißheit enthalten. Wittgenstein ließ diese Blätter in meinem Haus in Oxford zurück, als er im Februar 1951 nach Cambridge in das Haus von Dr. Bevan zog, in der Erwartung dort zu sterben.

Die Verwalter von Wittgensteins literarischem Nachlaß fanden, daß dies ganze Material sich gut zur Veröffentlichung eignete, da es ein charakteristisches Beispiel darbot einer ersten Niederschrift und der später erfolgten Auswahl aus diesem Entwurf. Vieles von dem, das Wittgenstein nicht in die spätere Fassung aufnahm, ist sehr interessant und es wurde daher eine Methode der Veröffentlichung gewählt, die es dem Herausgeber ermöglichte den Text intakt zu lassen.

Die Textherstellung wurde mir sehr erleichtert durch die von G. H. von Wright bereitete sorgfältige Schreibmaschinenabschrift des Manuskripts, auch eine davon unabhängige, von Linda McAlister und Margarete Schättle angefertigte Kopie war mir von großen Nutzen. Ich möchte auch Dr. L. Labowsky dafür danken, daß sie den deutschen Text durchgelesen hat.

G. E. M. Anscombe

EDITOR'S PREFACE

Part III of this volume reproduces most of a MS book written in Oxford in the Spring of 1950. I have left out material on "inner-outer", remarks about Shakespeare and some general observations about life; all this both was marked as discontinuous with the text and also will appear elsewhere. Part I was written in Cambridge in March 1951: it is a selection and revision of the earlier material, with few additions. It is not clear whether Part II ante- or post-dates Part III. It was part of what was written on undated loose sheets of foolscap, the rest being devoted to certainty. Wittgenstein left these in his room in my house in Oxford when he went to Dr. Bevan's house in Cambridge in February 1951, in the expectation of dying there. His literary executors decided that the whole of this material might well be published, as it gives a clear sample of first-draft writing and subsequent selection. Much of what was not selected is of great interest, and this method of publication involves the least possible editorial intervention.

In the work of determining the text I was much helped by G. H. von Wright's careful typescript of it, and also by an independent typescript made by Linda McAlister and Margarete Schättle. We have to thank them also for their translation. This, with agreed revisions by the editor, is published here.

I should also like to thank Dr. L. Labowsky for reading through the German text.

G. E. M. Anscombe

I

1. Ein Sprachspiel: Darüber berichten, ob ein bestimmter Körper heller oder dunkler als ein andrer sei. – Aber nun gibt es ein verwandtes: Über das Verhältnis der Helligkeiten bestimmter Farbtöne aussagen. (Damit ist zu vergleichen: Das Verhältnis der Längen zweier Stäbe bestimmen – und das Verhältnis zweier Zahlen bestimmen.)—Die Form der Sätze in beiden Sprachspielen ist die gleiche: "X ist heller als Y". Aber im ersten ist es eine externe Relation und der Satz zeitlich, im zweiten ist es eine interne Relation und der Satz zeitlos.

2. In einem Bild, in welchem ein Stück weißes Papier seine Helligkeit vom blauen Himmel kriegt, ist dieser heller als das weiße Papier. Und doch ist in einem andern Sinne Blau die dunklere, Weiß die hellere Farbe. (Goethe). Auf der Palette ist das Weiß die hellste Farbe.

3. Lichtenberg sagt, nur wenige Menschen hätten je reines Weiß gesehen. So verwenden also die Meisten das Wort falsch? Und wie hat *er* den richtigen Gebrauch gelernt? – Er hat nach dem gewöhnlichen Gebrauch einen idealen konstruiert. Und das heißt nicht, einen bessern, sondern einen in gewisser Richtung verfeinerten, worin etwas auf die Spitze getrieben wird.

4. Und freilich kann ein so konstruierter uns wieder über den tatsächlichen Gebrauch belehren.

5. Wenn ich von einem Papier sage, es sei rein weiß, und es würde Schnee neben das Papier gehalten und dieses sähe nun grau aus, so würde ich es in seiner normalen Umgebung doch mit Recht weiß, nicht hellgrau, nennen. Es könnte sein, daß ich, im Laboratorium etwa, einen verfeinerten Begriff von Weiß verwendete (wie z.B. auch einen verfeinerten Begriff der genauen Zeitbestimmung).

6. Was läßt sich dafür sagen, daß Grün eine primäre Farbe ist, keine Mischfarbe von Blau und Gelb? Wäre es richtig zu sagen: "Man kann das nur unmittelbar erkennen, indem man die Farben betrachtet?" Aber wie weiß ich, daß ich dasselbe mit den Worten

I

1. A language-game: Report whether a certain body is lighter or darker than another. – But now there's a related one: State the relationship between the lightness of certain shades of colour. (Compare with this: Determining the relationship between the lengths of two sticks – and the relationship between two numbers.) – The form of the propositions in both language-games is the same: "X is lighter than Y". But in the first it is an external relation and the proposition is temporal, in the second it is an internal relation and the proposition is timeless.

2. In a picture in which a piece of white paper gets its lightness from the blue sky, the sky is lighter than the white paper. And yet in another sense blue is the darker and white the lighter colour. (Goethe). On the palette white is the lightest colour.

3. Lichtenberg says that very few people have ever seen pure white. So do most people use the word wrong, then? And how did *he* learn the correct use? – He constructed an ideal use from the ordinary one. And that is not to say a better one, but one that has been refined along certain lines and in the process something has been carried to extremes.

4. And of course such a construct may in turn teach us something about the way we in fact use the word.

5. If I say a piece of paper is pure white, and if snow were placed next to it and it then appeared grey, in its normal surroundings I would still be right in calling it white and not light grey. It could be that I use a more refined concept of white in, say, a laboratory (where, for example, I also use a more refined concept of precise determination of time).

6. What is there in favor of saying that green is a primary colour, not a blend of blue and yellow? Would it be right to say: "You can only know it directly by looking at the colours"? But how do I know that I mean the same by the words "primary colours" as some other

"primäre Farbe" meine wie ein Andrer, der auch geneigt ist, Grün eine primäre Farbe zu nennen? Nein,–hier entscheiden Sprachspiele.

7. Es gibt die Aufgabe, zu einem gegebenen Gelbgrün (oder Blaugrün) ein weniger gelbliches (oder bläuliches) zu mischen, – oder aus einer Anzahl von Farbmustern auszuwählen. Ein weniger gelbliches ist aber kein bläuliches Grün (und umgekehrt), und es gibt auch die Aufgabe, ein Grün zu wählen, oder zu mischen, das weder gelblich noch bläulich ist. Ich sage "oder zu mischen", weil ein Grün dadurch nicht zugleich bläulich[1] und gelblich wird, daß es durch eine Art der Mischung von Gelb und Blau zustandekommt.

8. Menschen könnten den Begriff der Zwischenfarbe oder Mischfarbe haben auch wenn sie nie Farben durch Mischung (in welchem Sinne immer) erzeugten. Es könnte sich in ihren Sprachspielen immer nur darum handeln, schon vorhandene Zwischen- oder Mischfarben zu suchen, zu wählen.

9. Wenn nun auch nicht Grün eine Zwischenfarbe von Gelb und Blau ist, könnte es nicht Leute geben, für die es ein bläuliches Gelb, ein rötliches Grün gibt? Leute also, deren Farbbegriffe von den unsern abwichen—da ja auch die Farbbegriffe der Farbenblinden von denen der Normalen abweichen und nicht jede Abweichung vom Normalen muß eine Blindheit, ein Defekt sein.

10. Wer gelernt hat, zu einem gegebenen Farbton einen gelblicheren, weißlicheren, rötlicheren zu finden oder zu mischen, u.s.f., wer also den Begriff der Zwischenfarbe kennt, den fordre nun auf, uns ein rötliches Grün zu zeigen. Er mag diesen Befehl nun einfach nicht verstehen und etwa so reagieren, als hätte man von ihm verlangt, nach einem regelmäßigen Viereck, Fünfeck, Sachseck ein regelmäßiges Eineck zu zeigen. Wie aber, wenn er, ohne zu zögern, auf ein Farbmuster wiese (etwa auf ein schwärzliches Braun, wie wir es nennen würden)?

11. Wem ein Rötlichgrün bekannt wäre, der sollte im Stande sein, eine Farbenreihe herzustellen, die mit Rot anfinge, mit Grün endet und, auch für uns vielleicht, einen kontinuierlichen Übergang

---

[1] Das MS hat 'grünlich'. *Herausg.*

person who is also inclined to call green a primary colour? No, – here language-games decide.

7. Someone is given a certain yellow-green (or blue-green) and told to mix a less yellowish (or bluish) one – or to pick it out from a number of colour samples. A less yellowish green, however, is not a bluish one (and vice versa), and there is also such a task as choosing, or mixing a green that is neither yellowish nor bluish. I say "or mixing" because a green does not become both bluish[1] and yellowish because it is produced by a kind of mixture of yellow and blue.

8. People might have the concept of intermediary colours or mixed colours even if they never produced colours by mixing (in whatever sense). Their language-games might only have to do with looking for or selecting already existing intermediary or blended colours.

9. Even if green is not an intermediary colour between yellow and blue, couldn't there be people for whom there is bluish-yellow, reddish-green? I.e. people whose colour concepts deviate from ours – because, after all, the colour concepts of colour-blind people too deviate from those of normal people, and not every deviation from the norm must be a blindness, a defect.

10. Someone who has learnt to find or to mix a shade of colour that is more yellowish, more whitish or more reddish, etc., than a given shade of colour, i.e. who knows the concept of intermediary colours, is (now) asked to show us a reddish-green. He may simply not understand this order and perhaps react as though he had first been asked to point out regular four-, five-, and six-angled plane figures, and then were asked to point out a regular one-angled plane figure. But what if he unhesitatingly pointed to a colour sample (say, to one that we would call a blackish brown)?

11. Someone who is familiar with reddish-green should be in a position to produce a colour series which starts with red and ends with green and which perhaps even for us constitutes a continuous

---

[1] *Translator's note:* Wittgenstein wrote "greenish" here but presumably meant "bluish". Cp. III, § 158

zwischen ihnen bildet. Es würde sich dann zeigen, daß dort, wo wir jedesmal den gleichen Ton, von Braun z.B., sehen, er einmal Braun, einmal Rötlichgrün sähe. Daß er z.B. zwei chemische Verbindungen, die für uns die gleiche Farbe haben, nach der Farbe unterscheiden könnte und die eine braun die andre rötlichgrün nennte.

12. Stell dir vor, alle Menschen mit seltenen Ausnahmen wären rot-grün-blind. Oder auch den andern Fall: alle Menschen wären entweder rot-grün-, oder blau-gelb-blind.

13. Denken wir uns ein *Volk* von Farbenblinden, und das könnte es leicht geben. Sie würden nicht die gleichen Farbbegriffe haben wie wir. Denn auch angenommen sie redeten z.B. Deutsch, hätten also alle deutschen Farbwörter, so würden sie sie doch anders gebrauchen als wir, und anders zu gebrauchen *lernen*.

Oder haben sie eine fremde Sprache, so würde es uns schwer, ihre Farbwörter in die unsern zu übersetzen.

14. Wenn es aber auch Menschen gäbe, denen es natürlich wäre den Ausdruck "rötlichgrün" oder "gelblichblau" in konsequenter Weise zu verwenden, und [die] dabei vielleicht auch Fähigkeiten verrieten, die uns fehlen, so wären wir dennoch nicht gezwungen anzuerkennen, sie sähen, *Farben*, die wir nicht sehen. Es gibt ja kein allgemein anerkanntes Kriterium dafür, was eine Farbe sei, es sei denn, daß es eine unserer Farben ist.

15. In jedem ernsteren philosophischen Problem reicht die Unsicherheit bis an die Wurzeln hinab.

Man muß immer darauf gefaßt sein, etwas *ganz* Neues zu lernen.

16. Die Beschreibung der Phänomene der Farbenblindheit gehört in die Psychologie: also auch die der Phänomene des normalen Sehens? Die Psychologie beschreibt nur die *Abweichungen* der Farbenblindheit vom normalen Sehen.

17. Runge (in dem Brief, den Goethe in der Farbenlehre abdruckt) sagt, es gebe durchsichtige und undurchsichtige Farben. Weiß sei eine undurchsichtige Farbe.

Dies zeigt die Unbestimmtheit im Begriff der Farbe, oder auch der Farbengleichheit.

transition between the two. We would then discover that at the point where we always see the same shade, e.g. of brown, this person sometimes sees brown and sometimes reddish-green. It may be, for example, that he can differentiate between the colours of two chemical compounds that seem to us to be the same colour and he calls one brown and the other reddish-green.

12. Imagine that all mankind, with rare exceptions, were red-green colour-blind. Or another case: everyone was either red-green or blue-yellow colour-blind.

13. Imagine a *tribe* of colour-blind people, and there could easily be one. They would not have the same colour concepts as we do. For even assuming they speak, e.g. English, and thus have all the English colour words, they would still use them differently than we do and would *learn* their use differently.

Or if they have a foreign language, it would be difficult for us to translate their colour words into ours.

14. But even if there were also people for whom it was natural to use the expressions "reddish-green" or "yellowish-blue" in a consistent manner and who perhaps also exhibit abilities which we lack, we would still not be forced to recognize that they see *colours* which we do not see. There is, after all, no *commonly* accepted criterion for what is a colour, unless it is one of our colours.

15. In every serious philosophical question uncertainty extends to the very roots of the problem.

We must always be prepared to learn something totally new.

16. The description of the phenomena of colour-blindness is part of psychology: and therefore the description of the phenomena of normal vision, too? Psychology only describes the *deviations* of colour-blindness from normal vision.

17. Runge says (in the letter that Goethe reproduced in his *Theory of Colours*), there are transparent and opaque colours. White is an opaque colour.

This shows the indeterminateness in the concept of colour or again in that of sameness of colour.

18. Kann ein durchsichtiges grünes Glas die gleiche Farbe haben wie ein undurchsichtiges Papier, oder nicht? Wenn ein solches Glas auf einem Gemälde dargestellt würde, so wären die Farben auf der Palette nicht durchsichtig. Wollte man sagen, die Farbe des Glases wäre auch auf dem Gemälde durchsichtig, so müßte man den Komplex von Farbflecken, der das Glas darstellt, seine *Farbe* nennen.

19. Wie kommt es, daß etwas Durchsichtiges grün, aber nicht weiß sein kann?
Durchsichtigkeit und Spiegeln gibt es nur in der Tiefendimension eines Gesichtsbilds.
Der Eindruck des durchsichtigen Mediums ist der, daß etwas *hinter* dem Medium liegt. Vollkommene Einfärbigkeit des Gesichtsbilds kann nicht durchsichtig sein.

20. Etwas Weißes hinter einem gefärbten durchsichtigen Medium erscheint in der Farbe des Mediums, etwas Schwarzes schwarz. Nach dieser Regel muß Schwarz auf weißem Grund durch ein 'weißes durchsichtiges' Medium wie durch ein farbloses gesehen werden.

21. Runge: "Wenn man sich ein bläuliches Orange, ein rötliches Grün, oder ein gelbliches Violett denken will, wird einem zu Muthe wie bei einem südwestlichen Nordwinde..... Weiß sowohl als Schwarz sind beide undurchsichtig oder körperlich..... Weißes Wasser wird man sich nicht denken können, was rein ist; so wenig wie klare Milch."

22. Wir wollen keine Theorie der Farben finden (weder eine physiologische, noch eine psychologische), sondern die Logik der Farbbegriffe. Und diese leistet, was man sich oft mit Unrecht von einer Theorie erwartet hat.

23. "Weißes Wasser wird man sich nicht denken können etc." Das heißt, man kann nicht beschreiben (z.B. malen), wie etwas weißes Klares aussähe, und das heißt: man weiß nicht, welche Beschreibung, Darstellung, diese Worte von uns fordern.

24. Es ist nicht ohne weiters klar, von welchem durchsichtigen Glas man sagen soll, es habe die *gleiche Farbe*, wie ein undurchsichtiges Farbmuster. Wenn ich sage "Ich suche ein Glas von *dieser* Farbe"

5

18. Can a transparent green glass have the same colour as a piece of opaque paper or not? If such a glass were depicted in a painting, the colours would not be transparent on the palette. If we wanted to say the colour of the glass was also transparent in the painting, we would have to call the complex of colour patches which depict the glass its *colour*.

19. Why is it that something can be transparent green but not transparent white?
Transparency and reflections exist only in the dimension of depth of a visual image.
The impression that the transparent medium makes is that something lies *behind* the medium. If the visual image is thoroughly monochromatic it cannot be transparent.

20. Something white behind a coloured transparent medium appears in the colour of the medium, something black appears black. According to this rule, black on a white background would have to be seen through a 'white, transparent' medium as through a colourless one.

21. Runge: "If we were to think of a bluish-orange, a reddish-green, or a yellowish-violet, we would have the same feeling as in the case of a southwesterly northwind .... Both white and Black are opaque or solid .... White water which is pure is as inconceivable as clear milk."

22. We do not want to establish a theory of colour (neither a physiological one nor a psychological one), but rather the logic of colour concepts. And this accomplishes what people have often unjustly expected of a theory.

23. "White water is inconceivable, etc." That means we cannot describe (e.g. paint), how something white and clear would look, and that means: we don't know what description, portrayal, these words demand of us.

24. It is not immediately clear what transparent glass we should say has the *same colour* as an opaque colour sample. If I say, "I am looking for glass of *this* colour" (pointing to a piece of coloured

(wobei ich auf ein färbiges Papier deute), so wird das etwa heißen, daß etwas Weißes, durch das Glas gesehen, ausschauen soll wie mein Muster.

Ist das Muster rosa, himmelblau, lila, so wird man sich das Glas *trübe* denken, aber vielleicht auch klar und nur schwach rötlich, bläulich oder violett gefärbt.

25. Im Kino kann man manchmal die Vorgänge im Film so sehen, als lägen sie hinter der Leinwandfläche, diese aber sei durchsichtig, etwa eine Glastafel. Das Glas nähme den Dingen ihre Farbe und ließe nur Weiß, Grau und Schwarz durch. (Wir treiben hier nicht Physik, sondern betrachten Weiß und Schwarz als Farben ganz wie Grün und Rot.) – Man könnte also denken, daß wir uns hier eine Glastafel vorstellen, die weiß und durchsichtig zu nennen wäre. Und doch sind wir nicht versucht, sie so zu nennen: Bricht also die Analogie mit einer durchsichtigen grünen Tafel, z.B., irgendwo zusammen?

26. Von einer grünen Tafel würden wir etwa sagen: sie gäbe den Dingen hinter ihr eine grüne Färbung; also vor allem dem Weißen hinter ihr.

27. "Man kann sich das nicht vorstellen", wenn es sich um die Logik handelt, heißt: man weiß nicht, was man sich hier vorstellen soll.

28. Würde man von meiner fiktiven Glastafel im Kino sagen, sie gäbe den Dingen hinter ihr eine weiße Färbung?

29. Konstruiere aus der Regel für den Augenschein des durchsichtigen Färbigen, die du vom durchsichtigen Grünen, Roten etc. abliest, den Schein des durchsichtigen Weißen! Warum geht es nicht?

30. Jedes gefärbte Medium verdunkelt, was dadurch gesehen wird, es schluckt Licht: Soll nun mein weißes Glas auch verdunkeln? Und je dicker es ist, desto mehr? So wäre es also eigentlich ein dunkles Glas!

31. *Warum* kann man sich durchsichtig-weißes Glas nicht vorstellen, – auch wenn es in Wirklichkeit keins gibt? Wo geht die Analogie mit dem durchsichtigen gefärbten schief?

32. Sätze werden oft an der Grenze von Logik und Empirie gebraucht, so daß ihr Sinn über die Grenze hin und her wechselt

paper), that would mean roughly that something white seen through the glass should look like my sample.

If the sample is pink, sky-blue or lilac, we will imagine the glass cloudy, but perhaps too as clear and only slightly reddish, bluish or violet.

25. In the cinema we can sometimes see the events in the film as if they lay behind the screen and it were transparent, rather like a pane of glass. The glass would be taking the colour away from things and allowing only white, grey and black to come through. (Here we are not doing physics, we are regarding white and black as colours just like green and red). – We might thus think that we are here imagining a pane of glass that could be called white and transparent. And yet we are not tempted to call it that: so does the analogy with, e.g. a transparent green pane break down somewhere?

26. We would say, perhaps, of a green pane: it colours the things behind it green, above all the white behind it.

27. When dealing with logic, "One cannot imagine that" means: one doesn't know what one should imagine here.

28. Would we say that my fictitious glass pane in the cinema gave the things behind it a white colouring?

29. From the rule for the appearance of transparent coloured things that you have extracted from transparent green, red, etc., ascertain the appearance of transparent white! Why doesn't this work?

30. Every coloured medium darkens that which is seen through it, it swallows light: now is my white glass also supposed to darken? And the more so the thicker it is? So it would really be a dark glass!

31. *Why* can't we imagine transparent-white glass, – even if there isn't any in actuality? Where does the analogy with transparent coloured glass go wrong?

32. Sentences are often used on the borderline between logic and the empirical, so that their meaning changes back and forth and

und sie bald als Ausdruck einer Norm, bald als Ausdruck einer Erfahrung gelten.

(Denn es ist ja nicht eine psychische Begleiterscheinung – so stellt man sich den 'Gedanken' vor –, sondern die Verwendung, die den logischen vom Erfahrungssatz unterscheidet.)

33. Man redet von der 'Farbe des Goldes' und meint nicht Gelb. "Goldfarben" ist die Eigenschaft einer Oberfläche, welche glänzt, oder schimmert.

34. Es gibt Rotglut und Weißglut: Wie aber sähe Braunglut und Grauglut aus? Warum kann man sich diese nicht als einen schwächeren Grad der Weißglut denken?

35. "Das Licht ist farblos." Wenn, dann in dem Sinne, wie die Zahlen farblos sind.

36. Was leuchtend *aussieht*, sieht nicht grau aus. Alles Grau *sieht* beleuchtet *aus*.

37. Was man als leuchtend sieht, sieht man nicht als grau. Wohl aber kann man es als weiß sehen.

38. Man könnte also etwas *jetzt* als schwach leuchtend, *jetzt* als grau sehen.

39. Ich sage nicht (wie die Gestaltpsychologen), daß der *Eindruck des Weißen* so und so zustande komme. Sondern die Frage ist gerade: Was die Bedeutung dieses Ausdrucks, die Logik des Begriffes ist.

40. Denn, daß man sich etwas 'grauglühendes' nicht denken kann, gehört nicht in die Physik, oder Psychologie der Farbe.

41. Man sagt mir, eine gewisse Substanz brenne mit grauer Flamme. Ich kenne doch nicht die Farbe der Flammen sämtlicher Substanzen; warum sollte das also nicht möglich sein?

42. Man redet von einem 'dunkelroten Schein', aber nicht von einem 'schwarzroten'.

they count now as expressions of norms, now as expressions of experience.

(For it is certainly not an accompanying mental phenomenon – this is how we imagine 'thoughts' – but the use, which distinguishes the logical proposition from the empirical one.)

33. We speak of the 'colour of gold' and do not mean yellow. "Gold-coloured" is the property of a surface that shines or glitters.

34. There is the glow of red-hot and of white-hot: but what would brown-hot and grey-hot look like? Why can't we conceive of these as a lower degree of white-hot?

35. "Light is colourless". If so, then in the sense in which numbers are colourless.

36. Whatever *looks* luminous does not look grey. Everything grey *looks* as though it is being illuminated.

37. What we see as luminous we do not see as grey. But we can certainly see it as white.

38. I could, then, see something *now* as weakly luminous, *now* as grey.

39. I am not saying here (as the Gestalt psychologists do), that the *impression of white* comes about in such-and-such a way. Rather the question is precisely: what is the meaning of this expression, what is the logic of this concept?

40. For the fact that we cannot conceive of something 'glowing grey' belongs neither to the physics nor to the psychology of colour.

41. I am told that a substance burns with a grey flame. I don't know the colours of the flames of all substances; so why shouldn't that be possible?

42. We speak of a 'dark red light' but not of a 'black-red light'.

43. Eine glatte weiße Fläche kann spiegeln: Wie nun, wenn man sich irrte, und was in ihr gespiegelt erscheint, *wirklich* hinter ihr wäre und durch sie gesehen würde? Wäre sie dann weiß und durchsichtig?

44. Man spricht von einem 'schwarzen' Spiegel. Aber wo er spiegelt, verdunkelt er zwar, aber sieht nicht schwarz aus, und was durch ihn gesehen wird, erscheint nicht 'schmutzig', sondern 'tief'.

45. Die Undurchsichtigkeit ist nicht eine *Eigenschaft* der weißen Farbe. Sowenig, wie Durchsichtigkeit eine Eigenschaft der grünen.

46. Und es genügt auch nicht zu sagen, das Wort "weiß" werde eben nur für die Erscheinung von Oberflächen angewandt. Es könnte sein, daß wir zwei Wörter für "grün" hätten: eines nur für grüne Oberflächen, das andre für grüne durchsichtige Gegenstände. Es bliebe also die Frage, warum es kein dem Wort "weiß" entsprechendes Farbwort für etwas Durchsichtiges gibt.

47. Ein Medium, wodurch ein schwarz und weißes Muster (Schachbrett) unverändert erscheint, wird man nicht ein weißes nennen, auch wenn dadurch die andern Farben an Färbigkeit verlieren.

48. Man könnte einen weißen Glanz nicht "weiß" nennen wollen und so nur das nennen, was man als Farbe einer Oberfläche sieht.

49. Von zwei Stellen meiner Umgebung, die ich, in einem Sinne, als gleichfarbig *sehe*, kann mir, in anderem Sinne, die eine als weiß, die andre als grau erscheinen.
In einem Zusammenhang ist diese Farbe für mich weiß in schlechter Beleuchtung, in einem andern grau in guter Beleuchtung.
Dies sind Sätze über die Begriffe 'weiß' und 'grau'.

50. Der Eimer, der hier vor mir steht, ist glänzend weiß lackiert, es wäre absurd, ihn "grau" zu nennen, oder zu sagen "Ich sehe eigentlich ein helles Grau." Aber er hat ein weißes Glanzlicht, das weit heller ist als seine übrige Fläche, und diese ist teils dem Licht zu-, teils abgeneigt, ohne doch anders gefärbt zu erscheinen. (Zu *erscheinen*, nicht nur zu *sein*.)

43. A smooth white surface can reflect things: But what, then, if we made a mistake and that which appeared to be reflected in such a surface were *really* behind it and seen through it? Would the surface then be white and transparent?

44. We speak of a 'black' mirror. But where it mirrors, it darkens, of course, but it doesn't look black, and that which is seen in it does not appear 'dirty' but 'deep'.

45. Opaqueness is not a *property* of the white colour. Any more than transparency is a property of the green.

46. And it does not suffice to say, the word "white" is used only for the appearance of surfaces. It could be that we had two words for "green": one for green surfaces, the other for green transparent objects. The question would remain why there existed no colour word corresponding to the word "white" for something transparent.

47. We wouldn't want to call a medium white if a black and white pattern (chess board) appeared unchanged when seen through it, even if this medium reduced the intensity of the other colours.

48. We might want not to call a white high-light "white", and thus use that word only for that which we see as the colour of a surface.

49. Of two places in my surroundings which I *see* in one sense as being the same colour, in another sense, the one can seem to me white and the other grey.

To me in one context this colour is white in a poor light, in another it is grey in good light.

These are propositions about the concepts 'white' and 'grey'.

50. The bucket which I see in front of me is glazed shining white; it would be absurd to call it "grey" or to say "I really see a light grey". But it has a shiny highlight that is far lighter than the rest of its surface part of which is turned toward the light and part away from it, without appearing to be differently coloured. (*Appearing*, not just *being*.)

I–50

51. Es ist nicht dasselbe, zu sagen: der Eindruck des Weißen oder Grauen kommt unter solchen Bedingungen zustande (kausal), und: er ist ein Eindruck in einem bestimmten Zusammenhang von Farben und Formen.

52. Weiß als *Stoffarbe* (in dem Sinne, in welchem man sagt, Schnee ist weiß) ist heller als jede andre Stoffarbe; Schwarz dunkler. *Hier* ist die Farbe eine Verdunklung, und ist dem Stoff jede solche entzogen, so bleibt Weiß, und darum kann man es "farblos" nennen.

53. Es gibt zwar nicht Phänomenologie, wohl aber phänomenologische Probleme.

54. Daß nicht alle Farbbegriffe logisch gleichartig sind, sieht man leicht. Z.B. den Unterschied zwischen den Begriffen 'Farbe des Goldes' oder 'Farbe des Silbers' und 'gelb' oder 'grau'.

55. Eine Farbe '*leuchtet*' in einer Umgebung. (Wie Augen nur in einem Gesicht lächeln). Eine 'schwärzliche' Farbe – z.B. Grau – 'leuchtet' nicht.

56. Die Schwierigkeiten, die wir beim Nachdenken über das Wesen der Farben empfinden (mit denen Goethe in der Farbenlehre sich auseinandersetzen wollte) liegen schon in der Unbestimmtheit unseres Begriffs der Farbengleichheit beschlossen.

57.
["Ich empfinde X"
"Ich beobachte X"

X steht im ersten und zweiten Satz nicht für den gleichen Begriff, wenn auch vielleicht für den gleichen Wortausdruck, z.B. für "einen Schmerz". Denn fragt man "was für einen Schmerz?" so könnte ich im ersten Fall antworten "Diesen" und den Fragenden etwa mit einer Nadel stechen. Im zweiten Falle muß ich auf dieselbe Frage anders antworten; z.B. "Den Schmerz in meinem Fuß".
Auch könnte das X im zweiten Satz für "meinen Schmerz" stehen, aber nicht im ersten.]

58. Denk, jemand zeigte auf eine Stelle der Iris in einem Rembrandtschen Auge und sagt: "Die Wände in meinem Zimmer sollen in dieser Farbe gemalt werden."

51. It is not the same thing to say: the impression of white or grey comes about under such-and-such conditions (causal), and: it is an impression in a certain context of colours and forms.

52. White as a colour of substances (in the sense in which we say snow is white) is lighter than any other substance-colour; black darker. *Here* colour is a darkening, and if all such is removed from the substance, white remains, and for this reason we can call it "colourless".

53. There is no such thing as phenomenology, but there are indeed phenomenological problems.

54. It is easy to see that not all colour concepts are logically of the same sort, e.g. the difference between the concepts 'colour of gold' or 'colour of silver' and 'yellow' or 'grey'.

55. A colour *'shines'* in its surroundings. (Just as eyes only smile in a face.) A 'blackish' colour – e.g. grey – doesn't *'shine'*.

56. The difficulties we encounter when we reflect about the nature of colours (those which Goethe wanted to get sorted out in his *Theory of Colours*) are embedded in the indeterminateness of our concept of sameness of colour.

57.   ["I feel X"
                                "I observe X"
X does not stand for the same concept in the first and the second sentences, even if it may stand for the same verbal expression, e.g. for "a pain". For if we ask "what kind of a pain?" in the first case I could answer "This kind" and, for example, stick the questioner with a needle. In the second case I must answer the same question differently; e.g. "the pain in my foot".
   In the second sentence X could also stand for "my pain", but not in the first.]

58. Imagine someone pointing to a place in the iris of a Rembrandt eye and saying: "The walls in my room should be painted this colour".

59. Ich male die Aussicht von meinem Fenster; eine bestimmte Stelle, bestimmt durch ihre Lage in der Architektur eines Hauses, male ich mit Ocker. Ich sage, ich sehe diese Stelle in dieser Farbe. Das bedeutet nicht, daß ich hier die Farbe Ocker sehe, denn dieser Farbstoff mag, *so* umgeben, heller, dunkler, rötlicher (etc.) aussehen als Ocker. "Ich sehe diese Stelle, wie ich sie hier mit Ocker gemalt habe, nämlich als ein stark rötliches Gelb."

Wie aber, wenn man von mir verlangte, den genauen Farbton anzugeben, den ich dort sehe? – Wie soll er angegeben werden, und wie bestimmt werden? Man könnte verlangen, daß ich ein Farbmuster (ein rechteckiges Stück Papier von dieser Farbe) herstelle. Ich sage nicht, daß ein solcher Vergleich ohne jedes Interesse wäre, aber er zeigt uns, daß nicht von vornherein klar ist, wie Farbtöne zu vergleichen sind und was "Gleichheit der Farbe" bedeutet.

60. Denken wir uns ein Gemälde in kleine, annähernd einfärbige Stücke zerschnitten und diese dann als Steine eines Zusammenlegspiels verwendet. Auch wo ein solcher Stein nicht einfärbig ist, soll er keine räumliche Form andeuten, sondern einfach als flacher Farbfleck erscheinen. Erst im Zusammenhang mit den andern wird er ein Stück blauen Himmels, ein Schatten, ein Glanz, durchsichtig oder undurchsichtig, etc. Zeigen uns die einzelnen Steine die *eigentlichen Farben* der Stellen des Bildes?

61. Man neigt dazu, zu glauben, die Analyse unsrer Farbbegriffe führe am Ende zu den *Farben von Stellen* unsres Gesichtsbilds, welche nun von jeder räumlichen oder physikalischen Deutung unabhängig sind; denn hier gibt es weder Beleuchtung, noch Schatten, noch Glanz, etc., etc.

62. Daß ich sagen kann, diese Stelle in meinem Gesichtsfeld sei graugrün, bedeutet nicht, daß ich weiß, was eine genaue Kopie des Farbtons zu nennen wäre.

63. Ich sehe auf einer (nicht färbigen) Photographie einen Mann mit dunklem Haar und einen Buben mit glatt zurückgekämmtem blondem Haar vor einer Art Drehbank stehen, die zum Teil aus schwarz gestrichenen Gußteilen, teils aus glatten Wellen, Zahnrädern, u.a. besteht, daneben ein Gitter aus hellem verzinkten Draht. Die bearbeiteten Eisenflächen sehe ich eisenfärbig, das Haar des Jungen blond, das Gitter zinkfärbig, obgleich alles durch hellere und dunklere Töne des photographischen Papiers dargestellt ist.

59. I paint the view from my window; one particular spot, determined by its position in the architecture of a house, I paint ochre. I say this is the colour I see this spot. That does not mean that I see the colour of ochre here, for in *these* surroundings this pigment may look lighter, darker, more reddish, (etc.). "I see this spot the way I have painted it here with ochre, namely as a strongly reddish-yellow".

But what if someone asked me to give the *exact* shade of colour that I see there? – How should it be described and how determined? Someone could ask me to produce a colour sample (a rectangular piece of paper of this colour). I don't say that such a comparison would be utterly uninteresting, but it shows us that it isn't from the outset clear how shades of colour are to be compared and what "sameness of colour" means.

60. Imagine a painting cut up into small, almost monochromatic bits which are then used as pieces in a jig-saw puzzle. Even when such a piece is not monochromatic it should not indicate any three-dimensional shape, but should appear as a flat colour-patch. Only together with the other pieces does it become a bit of blue sky, a shadow, a high-light, transparent or opaque, etc. Do the individual pieces show us the *real colours* of the parts of the picture?

61. We are inclined to believe the analysis of our colour concepts would lead ultimately to the *colours of places* in our visual field, which are independent of any spatial or physical interpretation; for here there is neither light nor shadow, nor high-light, etc., etc..

62. The fact that I can say this place in my visual field is grey-green does not mean that I know what should be called an exact reproduction of this shade of colour.

63. I see in a photograph (not a colour photograph) a man with dark hair and a boy with slicked-back blond hair standing in front of a kind of lathe, which is made in part of castings painted black, and in part of smooth axles, gears, etc., and next to it a grating made of light galvanized wire. I see the finished iron surfaces as iron-coloured, the boy's hair as blond, the grating as zinc-coloured, despite the fact that everything is depicted in lighter and darker tones of the photographic paper.

I–63

64. Aber sehe ich wirklich die Haare auf der Photographie blond? Und was spricht dafür? Welche Reaktion des Betrachters soll zeigen, daß er sie blond *sieht*, und nicht nur aus den Tönen der Photographie schließt, sie seien blond?—Würde von mir verlangt, daß ich jene Photographie beschreibe, so würde ich es am direktesten mit jenen Worten tun. Ließe man diese Art der Beschreibung nicht gelten, so müßte ich nun erst nach einer andern suchen.

65. Wenn selbst das Wort "blond" blond klingen kann, wieviel eher können die photographierten Haare blond aussehen!

66. "Kann man sich nicht denken, daß gewisse Menschen eine andere Farbengeometrie als die unsere hätten?" Das heißt doch: Kann man sich nicht Menschen mit andern Farbbegriffen als den unsern denken? Und das heißt wieder: Kann man sich nicht vorstellen, daß Menschen unsre Farbbegriffe *nicht* haben, und daß sie Begriffe haben, die mit unsern Farbbegriffen auf solche Art verwandt sind, daß wir sie auch "Farbbegriffe" nennen würden?

67. Sieh dein Zimmer am späten Abend an, wenn Farben kaum mehr zu unterscheiden sind – und nun mach Licht und male, was du früher im Halbdunkel gesehen hast.—Wie vergleicht man die Farben auf so einem Bild mit denen des halbdunkeln Raums?

68. Auf die Frage "Was bedeuten die Wörter 'rot', 'blau', 'schwarz', 'weiß', können wir freilich gleich auf Dinge zeigen, die so gefärbt sind, – aber weiter geht unsre Fähigkeit die Bedeutungen dieser Worte zu erklären nicht! Im übrigen machen wir uns von ihrer Verwendung keine, oder eine ganz rohe, zum Teil falsche, Vorstellung.

69. Ich kann mir einen Logiker vorstellen, der erzählt, er sei jetzt dahin gelangt, "2 × 2 = 4" wirklich *denken* zu können.

70. Die Goethesche Lehre von der Entstehung der Spektralfarben ist nicht eine Theorie, die sich als ungenügend erwiesen hat, sondern eigentlich gar keine Theorie. Es läßt sich mit ihr nichts vorhersagen. Sie ist eher ein vages Denkschema nach Art derer, die man in James's Psychologie findet. Es gibt auch kein experimentum crucis, das für, oder gegen diese Lehre entscheiden könnte.

64. But do I really see the hair blond in the photograph? And what can be said in favor of this? What reaction of the viewer is supposed to show that he *sees* the hair blond, and doesn't just conclude from the shades of the photograph that it is blond?—If I were asked to describe the photograph I would do so in the most direct manner with these words. If this way of describing it won't do, then I would have to start looking for another.

65. If the word "blond" itself can sound blond, then it's even easier for photographed hair to look blond!

66. "Can't we imagine certain people having a different geometry of colour than we do?" That, of course, means: Can't we imagine people having colour concepts other than ours? And that in turn means: Can't we imagine people who do *not* have our colour concepts but who have concepts which are related to ours in such a way that we would also call them "colour concepts"?

67. Look at your room late in the evening when you can hardly distinguish between colours any longer – and now turn on the light and paint what you saw earlier in the semi-darkness.—How do you compare the colours in such a picture with those of the semi-dark room?

68. When we're asked "What do the words 'red', 'blue', 'black', 'white' mean?" we can, of course, immediately point to things which have these colours, – but our ability to explain the meanings of these words goes no further! For the rest, we have either no idea at all of their use, or a very rough and to some extent false one.

69. I can imagine a logician who tells us that he has now succeeded in *really* being able to *think* 2 × 2 = 4.

70. Goethe's theory of the constitution of the colours of the spectrum has not proved to be an unsatisfactory theory, rather it really isn't a theory at all. Nothing can be predicted with it. It is, rather, a vague schematic outline of the sort we find in James's psychology. Nor is there any *experimentum crucis* which could decide for or against the theory.

71. Wer mit Goethe übereinstimmt, findet, Goethe habe die *Natur* der Farbe richtig erkannt. Und Natur ist hier nicht, was aus Experimenten hervorgeht, sondern sie liegt im Begriff der Farbe.

72. Eins war für Goethe unumstößlich klar: Aus Dunkelheiten kann sich kein Helles zusammensetzen – wie aus mehr und mehr Schatten kein Licht entsteht. – Und dies ließe sich so ausdrücken: Wenn man Lila ein weißlich-rötlich-Blau nennt, oder Braun ein schwärzlich-rötlich-Gelb, – so kann man nun Weiß *kein* gelblich-rötlich-grünlich-Blau, oder dergleichen, nennen. Weiß ist nicht eine *Zwischenfarbe* anderer Farben. Und *das* können Versuche mit dem Spektrum weder bekräftigen noch widerlegen. Es wäre aber auch falsch zu sagen "Schau Dir die Farben nur in der Natur an, und Du wirst sehen, daß es so ist." Denn über die Begriffe der Farben wird man durch Schauen nicht belehrt.

73. Ich kann mir nicht denken, daß Goethes Bemerkungen über die Charaktere der Farben und Farbenzusammenstellungen für den Maler nützlich sein können; kaum für den Dekorateur. Die Farbe eines blutunterlaufenen Auges könnte als Farbe eines Wandbehangs prächtig wirken. Wer vom Charakter einer Farbe redet, denkt dabei immer nur an *eine* bestimmte Art ihrer Verwendung.

74. Gäbe es eine Harmonielehre der Farben, so würde sie etwa mit einer Einteilung der Farben in Gruppen anfangen und gewisse Mischungen, oder Nachbarschaften verbieten, andre erlauben. Und sie würde, wie die Harmonielehre, ihre Regeln nicht begründen.

75. Es mag Geistesschwache geben, denen man den Begriff 'morgen' nicht beibringen kann, oder den Begriff 'ich', oder das Ablesen der Uhrzeit. Sie würden den Gebrauch des Wortes 'morgen' nicht erlernen, etc.
    Wem kann ich nun beschreiben, *was* diese nicht erlernen können? Nicht nur dem, der es erlernt hat? Kann ich dem A nicht mitteilen, B könne höhere Mathematik nicht erlernen, auch wenn A sie nicht beherrscht? Versteht nicht der das Wort "Schach" anders, der das Spiel gelernt hat, als der es nicht gelernt hat? Es bestehen Unterschiede zwischen der Verwendung, die jener von dem Wort machen kann, und der Verwendung, die dieser gelernt hat.

76. Heißt ein Spiel beschreiben immer: eine Beschreibung geben, durch die man es lernen kann?

71. Someone who agrees with Goethe believes that Goethe correctly recognized the *nature* of colour. And nature here is not what results from experiments, but it lies in the concept of colour.

72. One thing was irrefutably clear to Goethe: no lightness can come out of darkness — just as more and more shadows do not produce light. — This could be expressed as follows: we may call lilac a reddish-whitish-blue or brown a blackish-reddish-yellow — but we *cannot* call a white a yellowish-reddish-greenish-blue, or the like. And *that* is something that experiments with the spectrum neither confirm nor refute. It would, however, also be wrong to say, "Just look at the colours in nature and you will see that it is so". For looking does not teach us anything about the concepts of colours.

73. I cannot imagine that Goethe's remarks about the characters of the colours and colour combinations could be of any use to a painter; they could be of hardly any to a decorator. The colour of a blood-shot eye might have a splendid effect as the colour of a wall-hanging. Someone who speaks of the character of a colour is always thinking of just *one* particular way it is used.

74. If there were a theory of colour harmony, perhaps it would begin by dividing the colours into groups and forbidding certain mixtures or combinations and allowing others. And, as in harmony, its rules would be given no justification.

75. There may be mental defectives who cannot be taught the concept 'tomorrow', or the concept 'I', nor to tell time. Such people would not learn the use of the word 'tomorrow' etc..

Now to whom can I describe *what* these people cannot learn? Just to one who has learnt it? Can't I tell A that B cannot learn higher mathematics, even though A hasn't mastered it? Doesn't the person who has learned the game understand the word "chess" differently from someone who hasn't learnt it? There are differences between the use of the word which the former can make, and the use which the latter has learnt.

76. Does describing a game always mean: giving a description through which someone can learn it?

77. Hat der Normalsehende und der Farbenblinde den gleichen Begriff von der Farbenblindheit? Ein Farbenblinder kann nicht nur unsre Farbwörter, sondern auch das Wort "Farbenblind" nicht so verwenden lernen wie ein Normaler. Er kann z.B. die Farbenblindheit nicht auf die gleiche Weise feststellen wie dieser.

78. Es könnte Menschen geben, die unsre Ausdrucksweise, Orange sei ein rötliches Gelb, nicht verstünden, und nur dann geneigt wären, so etwas zu sagen, wo sie einen Farbübergang von Gelb über Orange nach Rot vor Augen sehen. Und für solche müßte der Ausdruck "rötliches Grün" keine Schwierigkeit haben.

79. Die Psychologie beschreibt die Phänomene des Sehens.—Wem macht sie die Beschreibung? *Welche* Unwissenheit kann diese Beschreibung beheben?

80. Die Psychologie beschreibt, was beobachtet wurde.

81. Kann man dem Blindem beschreiben, wie das ist, wenn Einer *sieht?* – Doch. Ein Blinder lernt manches über den Unterschied des Blinden vom Sehenden. Aber die Frage war schlecht gestellt; als wäre Sehen eine Tätigkeit und es gäbe von ihr eine Beschreibung.

82. Ich kann doch Farbenblindheit beobachten; warum also Sehen nicht? – Ich kann beobachten, welche Farburteile ein Farbenblinder – oder auch ein Normalsichtiger – *unter gewissen Umständen* fällt.

83. Man sagt manchmal (wenn auch mißverständlich) "Nur ich kann wissen, was ich sehe". Aber nicht: "Nur ich kann wissen, ob ich farbenblind bin." (Noch auch: "Nur ich kann wissen, ob ich sehe, oder blind bin.")

84. Die Aussage "Ich sehe einen roten Kreis" und die "Ich sehe (bin nicht blind)" sind logisch nicht gleichartig. Wie prüft man die Wahrheit der ersten, wie die Wahrheit der zweiten?

85. Aber kann ich glauben zu sehen, und blind sein, oder glauben blind zu sein, und sehen?

86. Könnte in einem Lehrbuch der Psychologie der Satz stehen "Es gibt Menschen, welche sehen"? Wäre das falsch? Aber wem wird hier etwas mitgeteilt?

77. Do the normally sighted and the colour-blind have the same concept of colour-blindness? The colour-blind not merely cannot learn to use our colour words, they can't learn to use the word "colour-blind" as a normal person does. They cannot, for example, establish colour-blindness in the same way as the normal do.

78. There could be people who didn't understand our way of saying that orange is a rather reddish-yellow, and who would only be inclined to say something like that in cases where a transition from yellow through orange to red took place before their eyes. And for such people the expression "reddish-green" need present no difficulties.

79. Psychology describes the phenomena of seeing.—For whom does it describe them? *What* ignorance can this description eliminate?

80. Psychology describes what was observed.

81. Can one describe to a blind person what it's like for someone to *see*? – Certainly. The blind learn a great deal about the difference between the blind and the sighted. But the question was badly put; as though seeing were an activity and there were a description of it.

82. I can, of course, observe colour-blindness; then why not seeing? – I can observe what colour judgements a colour-blind person – or a normally sighted person, too – makes *under certain circumstances*.

83. People sometimes say (though mistakenly), "Only I can know what I see". But not: "Only I can know whether I am colour-blind". (Nor again: "Only I can know whether I see or am blind".)

84. The statement, "I see a red circle" and the statement "I see (am not blind)" are not logically of the same sort. How do we test the truth of the former, and how that of the latter?

85. But can I believe that I see and be blind, or believe that I'm blind and see?

86. Could a psychology textbook contain the sentence, "There are people who see"? Would this be wrong? But to whom will it communicate anything?

87. Wie kann es unsinnig sein zu sagen "Es gibt Menschen, welche sehen", wenn es nicht unsinnig ist zu sagen "Es gibt Menschen, welche blind sind"?

Aber angenommen, ich hätte nie von der Existenz blinder Menschen gehört und eines Tages teilt man mir mit "Es gibt Menschen, welche nicht sehen", müßte ich diesen Satz so ohne weiteres verstehen? Muß ich mir, wenn ich selber nicht blind bin, bewußt sein, daß ich die Fähigkeit des Sehens habe, und daß es also Leute geben kann, die sie nicht haben?

88. Wenn der Psychologe uns lehrt "Es gibt Menschen, welche sehen", so können wir ihn fragen: "Und was nennst Du 'Menschen, welche sehen'?" Darauf müßte die Antwort sein: Menschen, die unter den und den Umständen sich so und so benehmen.

87. How can it be nonsense to say, "There are people who see", if it is not nonsense to say "There are people who are blind"?

But suppose I had never heard of the existence of blind people and one day someone told me, "There are people who do not see", would I have to understand this sentence immediately? If I am not blind myself must I be conscious that I have the ability to see, and that, therefore, there may be people who do not have this ability?

88. If the psychologist teaches us, "There are people who see", we can then ask him: "And what do you call 'people who see'?" The answer to that would have to be: People who behave so-and-so under such-and-such circumstances.

II

1. Man könnte von dem Farbeindruck einer Fläche reden, womit nicht die Farbe gemeint wäre, sondern das Zusammen der Farbtöne, das den Eindruck einer braunen Fläche (z.B.) ergibt.

2. Die Beimischung des Weiß nimmt der Farbe das *Farbige*; dagegen nicht die Beimischung von Gelb. – Ist das am Grunde des Satzes, daß es kein klar durchsichtiges Weiß geben kann?

3. Was aber ist das für ein Satz: daß die Beimischung des Weißen der Farbe das Farbige nimmt?
   Wie ich es meine, kann's kein physikalischer Satz sein.
   Hier ist die Versuchung sehr groß, an eine Phänomenologie, ein Mittelding zwischen Wissenschaft und Logik, zu glauben.

4. Was ist denn das Wesentliche des *Trüben*? Denn rotes, gelbes Durchsichtiges ist nicht trübe, weißes ist trübe.

5. Ist trüb das, was die Formen verschleiert, und verschleiert es die Formen, weil es Licht und Schatten verwischt?

6. Ist nicht weiß das, was die Dunkelheit aufhebt?

7. Man redet zwar von 'schwarzem Glas', aber wer durch rotes Glas eine weiße Fläche sieht, sieht sie rot, durch 'schwarzes' Glas nicht schwarz.

8. Man bedient sich, um klar zu sehen, oft gefärbter Brillengläser, aber nie trüber.

9. "Die Beimischung von Weiß verwischt den Unterschied zwischen Hell und Dunkel, Licht und Schatten": bestimmt das die Begriffe näher? Ich glaube schon.

10. Wer das nicht fände, hätte nicht die entgegengesetzte Erfahrung; sondern wir würden ihn nicht verstehen.

11. In der Philosophie muß man immer fragen: "Wie muß man dieses Problem ansehen, daß es lösbar wird?"

II

1. We might speak of the colour-impression of a surface, by which we wouldn't mean the colour, but rather the composite of the shades of colour, which produces the impression (e.g.) of a brown surface.

2. Blending in white removes the *colouredness* from the colour; but blending in yellow does not. – Is that the basis of the proposition that there can be no clear transparent white?

3. But what kind of a proposition is that, that blending in white removes the colouredness from the colour?
   As I mean it, it can't be a proposition of physics.
   Here the temptation to believe in a phenomenology, something midway between science and logic, is very great.

4. What then is the essential nature of *cloudiness*? For red or yellow transparent things are not cloudy; white is cloudy.

5. Is cloudy that which conceals forms, and conceals forms because it obliterates light and shadow?

6. Isn't white that which does away with darkness?

7. We speak, of course, of 'black glass', yet you see a white surface as red through red glass but not as black through 'black' glass.

8. People often use tinted lenses in their eye-glasses in order to see clearly, but never cloudy lenses.

9. "The blending in of white obliterates the difference between light and dark, light and shadow"; does that define the concepts more closely? Yes, I believe it does.

10. If someone didn't find it to be this way, it wouldn't be that he had experienced the contrary, but rather that we wouldn't understand him.

11. In philosophy we must always ask: "How must we look at this problem in order for it to become solvable?"

12. Denn hier (wenn ich die Farben betrachte z.B.) ist da erst nur eine Unfähigkeit irgend eine Ordnung in den Begriffen zu machen.

Wir stehen da, wie der Ochs vor der neu gestrichenen Stalltür.

13. Denk daran, wie ein Maler die Durchsicht durch ein rötlich gefärbtes Glas darstellen würde. Es ist ja ein *kompliziertes* Flächenbild, was sich da ergibt. D.h., das Bild wird nebeneinander eine Menge von Abschattungen von Rot und andern Farben enthalten. Und analog, wenn man durch ein blaues Glas sähe.

Wie aber, wenn man ein Bild malte, in dem dort, wo früher etwas bläulich oder rötlich wurde, es weißlich wird?

14. Ist der ganze Unterschied hier, daß die Farben durch den rötlichen Schein nicht ihre Sattheit verlieren, wohl aber durch den weißlichen?

Ja, man spricht gar nicht von einem 'weißlichen Schein'!

15. Wenn bei einer gewissen Beleuchtung alles weißlich aussähe, so würden wir nicht schließen, das Leuchtende müsse weiß ausschaun.

16. Die phänomenologische Analyse (wie sie z.B. Goethe wollte) ist eine Begriffsanalyse und kann der Physik weder beistimmen, noch widersprechen.

17. Wie aber, wenn es irgendwo so wäre: das Licht eines weißglühenden Körpers ließe die Sachen hell aber weißlich, also farbschwach, erscheinen, das Licht eines rotglühenden rötlich, etc.? (Nur eine unsichtbare, dem Auge nicht wahrnehmbare Quelle, ließe sie in Farben leuchten.)

18. Ja, wie wenn die Dinge nur dann in ihren Farben leuchteten, wenn, in unserm Sinne, *kein* Licht auf sie fällt, wenn z.B. der Himmel *schwarz* wäre? Könnte man dann nicht sagen: nur bei schwarzem Licht erscheinen uns die vollen Farben?

19. Aber wäre hier nicht ein Widerspruch?

20. Ich *sehe* nicht, daß die Farben der Körper Licht in mein Auge reflektieren.

12. For here (when I consider colours, for example) there is merely an inability to bring the concepts into some kind of order.

We stand there like the ox in front of the newly-painted stall door.

13. Think about how a painter would depict the view through a red-tinted glass. What results is a *complicated* surface picture. I.e. the picture will contain a great many gradations of red and of other colours adjacent to one another. And analogously if you looked through a blue glass.

But how about if you painted a picture such that the places become whitish where, before, something was made bluish or reddish?

14. Is the only difference here that the colours remain as saturated as before when a reddish light is cast on them, while they don't with the whitish light? But we don't speak of a 'whitish light cast on things' at all!

15. If everything looked whitish in a particular light, we wouldn't then conclude that the light source must look white.

16. Phenomenological analysis (as e.g. Goethe would have it) is analysis of concepts and can neither agree with nor contradict physics.

17. But what if somewhere the following situation prevailed: the light of a white-hot body makes things appear light but whitish, and so weakly-coloured; the light of a red-hot body makes things appear reddish, etc. (Only an invisible light source, not perceptible to the eye, makes them radiate in colours.)

18. Yes, suppose even that things only radiated their colours when, in our sense, *no* light fell on them – when, for example, the sky were *black*? Couldn't we then say: only in black light do the full colours appear (to us)?

19. But wouldn't there be a contradiction here?

20. I don't *see* that the colours of bodies reflect light into my eye.

III

1. ? In einem Bild muß das Weiß die hellste Farbe sein.

2. In der Tricolore kann z.B. das Weiß nicht dunkler sein als Blau und Rot.

3. Hier gibt es eine Art Farbmathematik.

26.3

4. Aber auch das reine Gelb ist heller als das reine, satte Rot, oder Blau. Und ist dies ein Satz der Erfahrung? – Ich weiß z.B. nicht, ob Rot (d.h. das reine) heller oder dunkler ist als Blau; ich müßte sie sehen, um es sagen zu können. Und doch, wenn ich es gesehen hätte, so wüßte ich's nun ein für alle mal, wie das Resultat einer Rechnung.
Wo trennen sich hier Logik und Erfahrung (Empirie)?

5. Das Wort, dessen Bedeutung nicht klar ist, ist "rein", oder "satt". Wie lernen wir diese Bedeutung? Wie zeigt es sich, daß Menschen das Gleiche damit meinen? Ich nenne eine Farbe (z.B. Rot) "satt", wenn sie weder Schwarz noch Weiß enthält, weder schwärzlich noch weißlich ist.
Aber diese Erklärung dient nur einer vorläufigen Verständigung.

6. Welche *Wichtigkeit* hat der Begriff der satten Farbe?

7. Es ist hier offenbar eine Tatsache wichtig: daß nämlich Menschen einem Punkt im Farbkreis eine besondere Stellung einräumen. Daß sie sich diesen Punkt nicht mühsam merken müssen, sondern Alle immer leicht zu demselben Punkt finden.

8. Gibt es eine 'Naturgeschichte der Farben', und wieweit ist sie analog einer Naturgeschichte der Pflanzen? Ist diese nicht zeitlich, jene unzeitlich?

9. Wenn wir sagen, daß "sattes Gelb ist heller als sattes Blau" kein Satz der Psychologie ist (denn nur *so* könnte er Naturgeschichte

III

1. ? White must be the lightest colour in a picture.

2. In the Tricolour, for example, the white cannot be darker than the blue and red.

3. Here we have a sort of mathematics of colour.

26.3

4. But pure yellow too is lighter than pure, saturated red, or blue. And is this proposition a matter of experience? – I don't know, for example, whether red (i.e. pure red) is lighter or darker than blue; to be able to say, I would have to see them. And yet, if I had seen them, I would know the answer once and for all, like the result of an arithmetical calculation.
   Where do we draw the line here between logic and experience?

5. The word whose meaning is not clear is "pure" or "saturated". How do we learn its meaning? How can we tell if people mean the same thing by it? I call a colour (e.g. red) "saturated" if it contains neither black nor white, if it is neither blackish nor whitish.
   But this explanation only leads to a provisional understanding.

6. What is the *importance* of the concept of saturated colour?

7. One fact is obviously important here: namely that people reserve a special place for a given point on the colour wheel, and that they don't have to go to a lot of trouble to remember where the point is, but always find it easily.

8. Is there such a thing as a 'natural history of colours' and to what extent is it analogous to a natural history of plants? Isn't the latter temporal, the former non-temporal?

9. If we say that the proposition "saturated yellow is lighter than saturated blue" doesn't belong to the realm of psychology (for only

sein) – so heißt das: wir *verwenden* ihn nicht als naturgeschichtlichen Satz, und die Frage ist dann: wie sieht die andere, unzeitliche, *Verwendung* aus?

10. Denn nur so ließe sich der 'farbmathematische' Satz vom naturgeschichtlichen unterscheiden.

11. Oder auch: die Frage ist die: kann man hier zwei Verwendungen (klar) unterscheiden?

12. Hast du dir zwei Farbtöne A und B eingeprägt, und A ist heller als B, und nennst du danach einen Farbton "A" und einen andern "B", dieser aber ist heller als jener: so hast du die Farbtöne falsch benannt. (Das ist Logik).

13. Der Begriff der 'satten' Farbe sei von solcher Art, daß das satte X nicht einmal heller, einmal dunkler sein kann als das satte Y; d.h., daß es keinen Sinn hat, zu sagen, es sei einmal heller, ein andermal dunkler. Dies ist eine Begriffsbestimmung und gehört wieder zur Logik.
Ob ein so bestimmter Begriff *nütz*lich sei, oder nicht, ist hier nicht entschieden.

14. Es könnte dieser Begriff nur eine *sehr* beschränkte Verwendung haben. Und zwar darum, weil, was wir für gewöhnlich ein sattes X nennen, ein Farbeindruck innerhalb einer bestimmten Umgebung ist. Vergleichbar dem 'durchsichtigen' X.

15. Gib Beispiele von einfachen Sprachspielen mit dem Begriff der 'satten Farben'!

16. Ich nehme an, gewisse chemische Verbindungen, z.B. die Salze einer bestimmten Säure, hätten satte Farben und könnten so erkannt werden.

17. Oder es ließe sich die Heimat gewisser Blumen nach der Sattheit ihrer Farben erraten. So daß man z.B. sagen könnte: "Das muß eine Alpenblume sein, weil ihre Farbe so intensiv ist."

18. In so einem Fall könnte es aber helleres und dunkleres sattes Rot etc. geben.

19. Und muß ich nicht zugeben, daß Sätze oft an der Grenze von Logik und Empirie gebraucht werden, so daß ihr Sinn über die

so could it be natural history) – this means that we are not *using* it as a proposition of natural history. And the question then is: what is the other, non-temporal *use* like?

10. For this is the only way we can distinguish propositions of 'the mathematics of colour' from those of natural history.

11. Or again, the question is this: can we (clearly) distinguish two uses here?

12. If you impress two shades of colour on your memory, and A is lighter than B, and then later you call one shade "A" and another "B" but the one you called "B" is lighter than "A", you have called these shades by the wrong names. (This is logic).

13. Let the concept of a 'saturated' colour be such that saturated X cannot be lighter than saturated Y at one time and darker at another; i.e. it makes no sense to say it is lighter at one time and darker at another. This determines the concept and is again a matter of logic.
   The *usefulness* of a concept determined in this way is not decided here.

14. This concept might only have a *very* limited use. And this simply because what we usually call a saturated X is an impression of colour in a particular surrounding. It is comparable to 'transparent' X.

15. Give examples of simple language-games with the concept of 'saturated colours'.

16. I assume that certain chemical compounds, e.g. the salts of a given acid, have saturated colours and could be recognized by them.

17. Or you could tell where certain flowers come from by their saturated colours, e.g. you could say, "That must be an alpine flower because its colour is so intense".

18. But in such a case there could be lighter and darker saturated red, etc.

19. And don't I have to admit that sentences are often used on the borderline between logic and the empirical, so that their meaning

III–19

Grenze hin und her wechselt und sie bald Ausdruck einer Norm sind, bald als Ausdruck der Erfahrung behandelt werden.

Denn es ist ja nicht der 'Gedanke' (eine psychische Begleiterscheinung), sondern seine Verwendung (etwas, was ihn umgibt), die den logischen Satz vom Erfahrungssatz unterscheidet.

20. Das falsche Bild verwirrt, das richtige Bild hilft.

21. Die Frage wird z.B. sein: Läßt sich, was "sattes Grün" heißt, dadurch beibringen, daß man lehrt,[1] was sattes Rot, order Gelb, oder Blau ist?

22. Der 'Glanz', das 'Glanzlicht', kann nicht schwarz sein. Ersetzte ich das Helle der Glanzlichter in einem Bild durch Schwärze, so wären's nun nicht schwarze Glanzlichter: und zwar nicht einfach darum, weil in der Natur das Glanzlicht nur so und nicht anders entsteht, sondern auch weil wir auf ein *Licht* an dieser Stelle in bestimmter Weise reagieren. Eine Flagge mag gelb und schwarz, eine andere gelb und weiß sein.

23. Durchsichtigkeit im Bild gemalt wirkt anders als Undurchsichtigkeit.

24. Warum ist ein durchsichtiges Weiß nicht möglich? – Mal einen durchsichtigen roten Körper, und dann ersetze Rot durch Weiß!

Schwarz und Weiß haben bei der Durchsichtigkeit einer Farbe schon ihre Hand im Spiele.

Ersetzt du das Rot durch Weiß, so kommt der Eindruck der Durchsichtigkeit nicht mehr zustande; wie der Eindruck der Körperlichkeit nicht, wenn Du aus der Zeichnung ⬡ die Zeichnung ▭ machtest.

27.3

25. Warum ist eine satte Farbe nicht einfach: *diese*, oder *diese*, oder *diese*, oder *diese*? – Weil man sie auf andere Art wiedererkennt, oder bestimmt.

26. Was uns mißtrauisch machen kann, ist, daß Manche drei Grundfarben zu erkennen glaubten, Manche vier. Manche hielten dafür, daß Grün eine Zwischenfarbe von Blau und Gelb sei, und mir z.B. kommt das falsch vor auch abgesehen von jeder *Erfahrung*.

---

[1] Das MS hat 'leert'. *Herausg.*

shifts back and forth and they are now expressions of norms, now treated as expressions of experience?

For it is not the 'thought' (an accompanying mental phenomenon) but its use (something that surrounds it), that distinguishes the logical proposition from the empirical one.

20. (The wrong picture confuses, the right picture helps.)

21. The question will be, e.g.: can you teach the meaning of "saturated green" by teaching[1] the meaning of "saturated red", or "yellow", or "blue"?

22. A *shine*, a 'high-light' cannot be black. If I were to substitute blackness for the lightness of high-lights in a picture, I wouldn't get black lights. And that is not simply because this is the one and only form in which a high-light occurs in nature, but *also* because we react to a *light* in this spot in a certain way. A flag may be yellow and black, another yellow and white.

23. Transparency painted in a picture produces its effect in a different way than opaqueness.

24. Why is transparent white impossible? – Paint a transparent red body, and then substitute white for red!

Black and white themselves have a hand in the business, where we have transparency of a colour. Substitute white for red and you no longer have the impression of transparency; just as you no longer have the impression of solidity if you turn this drawing into this one .

27.3

25. Why isn't a saturated colour simply: *this*, or *this*, or *this*, or *this*? – Because we recognize it or determine it in a different way.

26. Something that may make us suspicious is that some people have thought they recognized three primary colours, some four. Some have thought green to be an intermediary colour between blue and yellow, which strikes me, for example, as wrong, even apart from any *experience*.

---

[1] The German text had been amended from leert (evacuates) to lehrt (teaches). *Ed.*

Blau und Gelb, sowie Rot und Grün, erscheinen mir als Gegensätze – aber das mag einfach daherrühren, daß ich gewöhnt bin, sie im Farbenkreis an entgegengesetzten Punkten zu sehen.

Ja, welche *Wichtigkeit* hat für mich (sozusagen psychologisch) die Frage nach der Zahl der Reinen Farben?

27. Ich scheine *ein* logisch Wichtiges zu sehen: Wenn man Grün eine Zwischenfarbe von Blau und Gelb nennt, dann muß man z.B. auch sagen können, was ein nur leicht bläuliches Gelb heißt, oder ein nur etwas gelbliches Blau. Und diese Ausdrücke sagen mir gar nichts. Aber könnten sie nicht einem Andern etwas sagen?

Wer mir also die Farbe einer Wand so beschriebe, "Sie war ein etwas rötliches Gelb," den könnte ich so verstehen, daß ich aus einer Zahl von Mustern ein annähernd richtiges wählen könnte. Wer die Farbe aber *so* beschriebe, sie sei ein etwas bläuliches Gelb, dem könnte ich so ein Muster nicht zeigen. — Man pflegt hier zu sagen, man könne sich in einem Falle die Farbe vorstellen, im andern nicht, – aber dieser Ausdruck ist irreführend, denn man braucht hier gar nicht an das Auftauchen eines Bildes vor dem inneren Auge zu denken.

28. Wie es ein absolutes Gehör gibt und Leute, die es nicht besitzen, so könnte man sich doch denken, daß es mit Bezug auf das Farbensehen eine große Zahl verschiedener Veranlagungen gäbe.

Vergleiche z.B. den Begriff 'satte Farbe' mit 'warme Farbe'. Müßten alle Leute 'warme' und 'kalte' Farben kennen? Es sei denn, daß man sie einfach lehrt, eine bestimmte Disjunktion von Farben so, bezw. so zu nennen.

Könnte nicht z.B. ein *Maler* gar keinen Begriff von 'vier reinen Farben' haben, ja es lächerlich finden, von solchen zu reden?

29. Oder auch so: Was ginge Menschen ab, denen dieser Begriff gar nicht natürlich ist?

30. Frage so: Weißt du, was "rötlich" bedeutet? Und wie zeigst du, daß du's weißt?

Sprachspiele: "Zeige ein rötliches Gelb (Weiß, Blau, Braun)!" – "Zeige ein noch rötlicheres!" – "Ein weniger rötliches!" etc. Be-

Blue and yellow, as well as red and green, seem to me to be opposites – but perhaps that is simply because I am used to seeing them at opposite points on the colour circle.

Indeed, what (so to speak psychological) *importance* does the question as to the number of Pure Colours have for me?

27. I seem to see one thing that is of logical importance: if you call green an intermediary colour between blue and yellow, then you must also be able to say, for example, what a slightly bluish yellow is, or an only somewhat yellowish blue. And to me these expressions don't mean anything at all. But mightn't they mean something to someone else?

So if someone described the colour of a wall to me by saying: "It was a somewhat reddish yellow," I could understand him in such a way that I could choose approximately the right colour from among a number of samples. But if someone described the colour in *this* way: "It was a somewhat bluish yellow," I could not show him such a sample.—Here we usually say that in the one case we can imagine the colour, and in the other we can't – but this way of speaking is misleading, for there is no need whatsoever to think of an image that appears before the inner eye.

28. There is such a thing as perfect pitch and there are people who don't have it; similarly we could suppose that there could be a great range of different talents with respect to seeing colours. Compare, for example, the concept 'saturated colour' with 'warm colour'. Must it be the case that everyone knows 'warm' and 'cool' colours? Apart from being taught to give this or that name to a certain disjunction of colours.

Couldn't there be a painter, for example, who had no concept whatsoever of 'four pure colours' and who even found it ridiculous to talk about such a thing?

29. Or in other words: are people for whom this concept is not at all natural missing anything?

30. Ask this question: Do you know what "reddish" means? And how do you show that you know it?

Language-games: "Point to a reddish yellow (white, blue, brown) – "Point to an even more reddish one" – "A less reddish one" etc.

herrschst du nun diese Spiele, so wird verlangt, "Zeig ein etwas rötliches Grün!" Nimm nun zwei Fälle an: Der eine: Du zeigst daraufhin auf eine Farbe (und immer auf die gleiche), z.B. (etwa) auf ein Olivgrün — der andere: Du sagst, "Ich weiß nicht, was das heißt," oder "Das gibt's nicht."

Man könnte geneigt sein zu sagen, der Eine habe einen andern Farbbegriff als der Andre; oder einen andern Begriff von '. . . lich.'

31. Wir reden von "Farbenblindheit" und nennen sie einen *Defekt*. Aber es könnte leicht mehrere verschiedene Anlagen geben, von denen keine gegen die andre offenbar minderwertig ist. – Und denk auch daran, daß ein Mensch durch's Leben gehen kann, ohne daß seine Farbenblindheit bemerkt wird, bis eine besondere Gelegenheit sie zum Vorschein bringt.

32. So können also verschiedene Menschen verschiedene Farbbegriffe haben? – *Etwas* verschiedene. In einem oder dem andern Zug verschiedene. Und das wird ihre Verständigung mehr, oder weniger, oft beinahe gar nicht beeinträchtigen.

33. Hier möchte ich eine allgemeine Bemerkung über die Natur der philosophischen Probleme machen. Die philosophische Unklarheit ist quälend. Sie wird als beschämend empfunden. Man fühlt: man kennt sich nicht aus, wo man sich auskennen *sollte*. Und dabei *ist* es doch nicht so. Wir können sehr wohl leben, ohne diese Unterscheidungen, auch ohne sich hier auszukennen.

34. Wie hängen Farbenmischung und 'Zwischenfarbe' zusammen? Man kann offenbar von Zwischenfarben in einem Sprachspiel reden, worin Farben gar nicht durch Mischung erzeugt werden, sondern nur vorhandene Farbtöne *gewählt* werden.

Und doch ist *ein* Gebrauch des Begriffes der Zwischenfarbe auch, die Farbenmischung zu erkennen, die einen Farbton erzeugt.

35. Lichtenberg sagt, nur wenige Menschen hätten je reines Weiß gesehen. So verwenden also die Meisten das Wort falsch? Und wie hat *er* den richtigen Gebrauch gelernt? — Vielmehr: er hat aus dem tatsächlichen einen Idealgebrauch konstruiert. Wie man eine Geometrie konstruiert. Aber mit "Ideal" ist hier nicht etwas besonders Gutes, sondern nur etwas auf die Spitze getriebenes gemeint.

36. Und freilich kann so ein erfundener uns wieder über den wirklichen Gebrauch belehren.

Now that you've mastered this game you will be told "Point to a somewhat reddish green" Assume there are two cases: Either you do point to a colour (and always the same one), perhaps to an olive green – or you say, "I don't know what that means," or "There's no such thing."

We might be inclined to say that the one person had a different colour concept from the other; or a different concept of '. . . ish.'

31. We speak of "colour-blindness" and call it a *defect*. But there could easily be several differing abilities, none of which is clearly inferior to the others. – And remember, too, that a man may go through life without his colour-blindness being noticed, until some special occasion brings it to light.

32. Is it possible then for different people in this way to have different colour concepts? – *Somewhat* different ones. Different with respect to one or another feature. And that will impair their mutual understanding to a greater or lesser extent, but often hardly at all.

33. Here I would like to make a general observation concerning the nature of philosophical problems. Lack of clarity in philosophy is tormenting. It is felt as shameful. We feel: we do not know our way about where we *should* know our way about. And nevertheless it *isn't* so. We can get along very well without these distinctions *and* without knowing our way about here.

34. What is the connection between the blending of colours and 'intermediary colours'? We can obviously speak of intermediary colours in a language-game in which we do not produce colours by mixing at all, but only *select* existing shades.

Yet *one* use of the concept of an intermediary colour is to recognize the blend of colours which produces a given shade.

35. Lichtenberg says that very few people have ever seen pure white. Do most people use the word wrong, then? And how did *he* learn the correct use?—On the contrary: he constructed an ideal use from the actual one. The way we construct a geometry. And 'ideal' does not mean something specially good, but only something carried to extremes.

36. And of course such a construct can in turn teach us something about the actual use.

Und es könnte auch sein, daß wir, z.B. für wissenschaftliche Zwecke, einen neuen Begriff des 'reinen Weiß' *einführen*. (Ein solcher neuer Begriff entspräche dann etwa dem chemischen Begriff eines 'Salzes'.)

37. Inwiefern ist Weiß und Schwarz mit Gelb, Rot und Blau zu vergleichen, und inwiefern nicht?
Hätten wir eine gewürfelte Tapete aus roten, blauen, grünen, gelben, schwarzen und weißen Quadraten, so wären wir nicht geneigt zu sagen, sie sei aus *zweierlei* Bestandteilen zusammengesetzt, aus 'färbigen' und 'unfäbigen' etwa.

38. Denken wir uns nun, daß Menschen nicht farbige und schwarz-weiß Bilder kontrastierten, sondern farbige und blau-weiß Bilder. D.h.: könnte nicht auch Blau als keine *eigentliche* Farbe empfunden (und d.h. gebraucht) werden?

39. Meinem Gefühl nach löscht Blau das Gelb aus, – aber warum sollte ich nicht ein etwas grünliches Gelb ein "bläuliches Gelb" nennen und Grün eine Zwischenfarbe von Blau und Gelb, und ein stark bläuliches Grün ein etwas gelbliches Blau?

40. In einem grünlichen Gelb merke ich noch *nichts* Blaues. – Grün ist für mich eine besondere Station auf dem farbigen Wege von Blau nach Gelb, und Rot ist auch eine.

41. Was hätte Einer vor mir voraus, der einen direkten Farbenweg zwischen Blau und Gelb kennte? Und wie zeigt es sich, daß ich so einen Weg nicht kenne? – Liegt alles an den mir möglichen Sprachspielen mit der Form "...lich"?

42. Man wird sich also fragen müssen: wie sähe es aus, wenn Menschen Farben kennten, die auch unsre Normalsichtigen nicht kennen? Diese Frage wird sich im allgemeinen nicht eindeutig beantworten lassen. Denn es ist nicht ohne weiteres klar, daß wir von solchen Abnormen sagen *müssen*, sie kennten andere *Farben*. Es gibt ja kein allgemein anerkanntes Kriterium dafür, was eine Farbe sei, es sei denn, daß es eine unsrer Farben ist.
Und doch ließen sich Umstände denken, unter welchen wir sagen würden, "Diese Leute sehen außer den unsern noch andere Farben."

And we could also *introduce* a new concept of 'pure white', e.g. for scientific purposes.

(A new concept of this sort would then correspond to, say, the chemical concept of a 'salt'.)

37. To what extent can we compare black and white to yellow, red and blue, and to what extent can't we?

If we had a checked wall-paper with red, blue, green, yellow, black and white squares, we would not be inclined to say that it is made up of two kinds of parts, of 'coloured' and, say, 'uncoloured' ones.

38. Let us now suppose that people didn't contrast coloured pictures with black-and-white ones, but rather with blue-and-white ones. I.e.: couldn't blue too be felt (and that is to say, used) as not being an actual colour?

39. My feeling is that blue obliterates yellow, – but why shouldn't I call a somewhat greenish yellow a "bluish yellow" and green an intermediary colour between blue and yellow, and a strongly bluish green a somewhat yellowish blue?

40. In a greenish yellow I don't yet notice *anything* blue. – For me, green is one special way-station on the coloured path from blue to yellow, and red is another.

41. What advantage would someone have over me who knew a direct route from blue to yellow? And what shows that I don't know such a path? – Does everything depend on my range of possible language-games with the form "...ish"?

42. We will, therefore, have to ask ourselves: What would it be like if people knew colours which our people with normal vision do not know? In general this question will not admit of an unambiguous answer. For it is by no means clear that we *must* say of this sort of abnormal people that they know other *colours*. There is, after all, no commonly accepted criterion for what is a colour, unless it is one of our colours.

And yet we could imagine circumstances under which we would say, "These people see other colours in addition to ours."

43. Man muß in der Philosophie nicht nur in jedem Fall lernen, *was* über einen Gegenstand zu sagen ist, sondern *wie* man über ihn zu reden hat. Man muß immer wieder erst die Methode lernen wie er anzugehen ist.

44. Oder auch: In jedem ernstern Problem reicht die Unsicherheit bis in die Wurzeln hinab.

45. Man muß immer gefaßt sein, etwas *gänzlich* Neues zu lernen.

46. In den Farben: Verwandschaft, und Gegensatz. (Und das ist Logik.)

47. Was heißt es, "Das Braun ist dem Gelb verwandt"?

48. Heißt es, daß sich die Aufgabe, ein etwas bräunliches Gelb zu wählen, ohne weiteres verstünde? (Oder ein etwas gelblicheres Braun.)

49. Die färbige Vermittlung zwischen zwei Farben.

50. "Gelb ist dem Rot verwandter als dem Blau." –

51. Der Unterschied zwischen Schwarz-Rot-Gold und Schwarz-Rot-Gelb. – Gold gilt hier als Farbe.

52. Tatsache ist, daß wir im Stande sind, uns über die Farben der Dinge mittels sechs Farbnamen zu verständigen. Auch, daß wir die Wörter "Rötlichgrün," "Gelblichblau" etc. nicht verwenden.

53. Beschreibung eines Zusammenlegspiels durch die Beschreibung der Steine. Ich nehme an, daß diese nie eine räumliche Form erkennen lassen, sondern uns als flache ein- oder mehrfärbige Stückchen erscheinen. Erst zusammengestzt wird etwas ein 'Schatten', ein 'Glanz', eine 'konkave oder konvexe einfärbige Fläche' etc.

54. Ich kann sagen: Dieser Mann unterscheidet nicht Rot und Grün. Kann ich aber sagen: Wir Normalen unterscheiden Rot und Grün? Wir könnten aber sagen: "Wir sehen *hier* zwei Farben, jener nur *eine*."

43. In philosophy it is not enough to learn in every case *what* is to be said about a subject, but also *how* one must speak about it. We are always having to begin by learning the method of tackling it.

44. Or again: In any serious question uncertainty extends to the very roots of the problem.

45. One must always be prepared to learn something *totally* new.

46. Among the colours: Kinship and Contrast. (And that is logic.)

47. What does it mean to say, "Brown is akin to yellow?"

48. Does it mean that the task of choosing a somewhat brownish yellow would be readily understood? (Or a somewhat more yellowish brown).

49. The coloured intermediary between two colours.

50. "Yellow is more akin to red than to blue." –

51. The differences between black-red-gold and black-red-yellow. – Gold counts as a colour here.

52. It is a fact that we can communicate with one another about the colours of things by means of six colour words. Also, that we do not use the words "reddish-green", "yellowish-blue" etc.

53. Description of a jig-saw puzzle by means of the description of its pieces. I assume that these pieces never exhibit a three-dimensional form, but always appear as small flat bits, single- or many-coloured. Only when they are put together does something become a 'shadow', a 'high-light', a 'concave or convex monochromatic surface', etc.

54. I can say: This man does not distinguish between red and green. But can I say that we normal people distinguish between red and green? We could, however, say: "*Here* we see two colours, he sees only *one*."

55. Die Beschreibung der *Phänomene* der Farbenblindheit gehört zur Psychologie. Also auch die der Phänomene des normalen Farbensehens? Gewiß, – aber was setzt so eine Beschreibung voraus, und für wen ist es eine Beschreibung, oder besser: welcher Hilfsmittel bedient sie sich? Wenn ich sage, "Was setzt sie voraus?" so heißt das, "Wie muß Einer auf *sie* schon reagieren, um sie zu *verstehen?*" "Wer in einem Buch die Phänomene der Farbenblindheit beschreibt, beschreibt sie mit den Begriffen der Sehenden.

56. Dieses Papier ist an verschiedenen Stellen verschieden hell; aber kann ich sagen, es sei nur an gewissen Stellen weiß, an den andern aber grau?? – Ja, wenn ich es malte, würde ich allerdings für die dunklern Stellen ein Grau mischen.

Eine Flächenfarbe ist eine Qualität einer Fläche. Man könnte also versucht sein, sie keinen reinen Farbbegriff zu nennen. Aber was wäre dann ein *reiner*?!

57. Es ist nicht richtig, daß in einem *Bild* das Weiße stets die hellste Farbe sein muß. Wohl aber in einer flächenhaften Kombination von Farbflecken. Ein Bild könnte ein Buch weißen Papiers im Schatten darstellen und heller als dieses einen gelb, oder blau, oder rötlich leuchtenden Himmel. Beschreibe ich aber eine ebene Fläche, eine Tapete z.B.: sie bestehe aus rein gelben, roten, blauen, weißen und schwarzen Quadraten, so können die gelben nicht heller sein als die weißen, die roten nicht heller als die gelben.

Darum waren die Farben für Goethe Schatten.

58. Es scheint einen fundamentalern[1] Farbbegriff zu geben, als den der Oberflächenfarbe. Er wäre, möchte man denken, darzustellen entweder durch kleine farbige Elemente des Gesichtsfeldes, oder durch leuchtende Punkte nach Art der Sterne. Aus diesen Punktfarben, oder kleinen Farbflecken setzten sich auch die größeren farbigen Ausdehnungen zusammen. So daß man also den Farbeindruck von einer Oberfläche beschreiben könnte, indem man die vielen kleinen Farbflecken in ihren Lagen angäbe.

Aber wie soll man z.B. so ein kleines Farbmuster mit einem Stück der größeren Oberfläche vergleichen? Welche Umgebung soll das Farbmuster haben?

---

[1] *Sonst:* einfacheren, elementarern, reinern. *Herausg.*

55. The description of the *phenomena* of colour-blindness is part of psychology. And the description of the phenomena of normal colour vision too? Of course – but what are the presuppositions of such a description and for whom is it a description? Or better: what are the means it employs? When I say, "What does it presuppose?" that means "How must one react to *this description* in order to *understand* it?" Someone who describes the phenomena of colour-blindness in a book describes them in the concepts of the sighted.

56. This paper is lighter in some places than in others; but can I say that it is white only in certain places and gray in others?? – Certainly, if I painted it, I would mix a gray for the darker places.

A surface-colour is a quality of a surface. One might (therefore) be tempted not to call it a pure colour concept. But then what would a pure one be?!

57. It is not correct to say that in a *picture* white must always be the lightest colour. But it must be the lightest one in a flat pattern of coloured patches. A picture might show a book made of white paper in shadow, and lighter than this a luminous yellow or blue or reddish sky. But if I describe a plane surface, a wall-paper, for example, by saying that it consists of pure yellow, red, blue, white and black squares, the yellow ones cannot be lighter than the white ones, and the red cannot be lighter than the yellow.

This is why colours were shadows for Goethe.

58. There seems to be a more fundamental[1] colour concept than that of the surface colour. It seems that one could present it either by means of small coloured elements in the field of vision, or by means of luminous points rather like stars. And larger coloured areas are composed of these coloured points or small coloured patches. Thus we could describe the colour impression of a surface area by specifying the position of the numerous small coloured patches within this area.

But how should we, for example, compare one of these small colour samples with a piece of the larger surface area? In what surroundings should the colour sample occur?

---

[1] *Alternative readings:* simpler, purer, more elementary. *Ed.*

59. Wir sind im gewöhnlichen Leben beinahe von lauter unreinen Farben umgeben. Um so merkwürdiger, daß wir einen Begriff von *reinen* Farben gebildet haben.

29.3

60. Warum reden wir nicht von einem 'reinen' Braun? Ist der Grund davon bloß die Stellung des Braun zu den andern 'reinen' Farben, seine Verwandschaft mit ihnen allen? – Braun ist vor allem nur Oberflächenfarbe. D.h.: es gibt kein *klares* Braun, sondern nur ein Trübes. Auch: Braun enthält Schwarz. – (?) – Wie müßte sich ein Mensch benehmen, daß man von ihm sagen könnte, er kenne ein *reines, primäres*, Braun?

61. Wir müssen uns immer wieder die Frage vorhalten: Wie lernt der Mensch die Bedeutung der Farbnamen?

62. Was heißt "Braun enthält Schwarz"? Es gibt mehr und weniger schwärzliches Braun. Gibt es eins, was gar nicht mehr schwärzlich ist? Es gibt gewiß nicht eins, welches gar nicht *gelblich* ist.[1]

63. Wenn wir so weiter überlegen, so fallen uns nach und nach 'interne Eigenschaften' einer Farbe ein, an die wir anfangs nicht gedacht hatten. Und das kann uns den Gang einer philosophischen Untersuchung zeigen. Wir müssen immer gewärtig sein, daß eine neue, die wir nicht bedacht haben, uns einfällt.

64. Wir dürfen auch nicht vergessen, daß unsre Farbwörter den Eindruck einer Fläche charakterisieren, auf der unser Blick herumschweift. Dazu sind sie da.

65. "Braunes Licht". Angenommen es werde vorgeschlagen, ein Lichtsignal auf der Straße sollte *braun* sein.

66. Es ist nur *zu erwarten*, daß wir Adjektive finden werden, die (wie ja z.B. "schillernd") Farbcharakteristika einer ausgedehnten Fläche sind, oder auch einer kleinen Ausdehnung in einer *bestimmten Umgebung* ("schimmernd", "flimmernd", "glänzend", "leuchtend").

67. Ja, die reinen Farben haben nicht einmal besondere allgemein gebrauchte Namen, so wenig wichtig sind sie uns.

[1] Im MS ist hier vielleicht ein Fragezeichen zu lesen. *Herausg.*

59. In everyday life we are virtually surrounded by impure colours. All the more remarkable that we have formed a concept of *pure* colours.

29.3

60. Why don't we speak of a 'pure' brown? Is the reason merely the position of brown with respect to the other 'pure' colours, its relationship to them all? – Brown is, above all, a surface colour, i.e. there is no such thing as a *clear* brown, but only a muddy one. Also: brown contains black – (?) – How would a person have to behave for us to say of him that he knows a *pure, primary* brown?

61. We must always bear in mind the question: How do people learn the meaning of colour names?

62. What does, "Brown contains black," mean? There are more and less blackish browns. Is there one which isn't blackish at all? There certainly isn't one that isn't *yellowish* at all.[1]

63. If we continue to think along these lines, 'internal properties' of a colour gradually occur to us, which we hadn't thought of at the outset. And that can show us the course of a philosophical investigation. We must always be prepared to come across a new one, one that has not occurred to us earlier.

64. And we must not forget either that our colour words characterize the impression of a surface over which our glance wanders. That's what they're for.

65. "Brown light". Suppose someone were to suggest that a traffic light be *brown*.

66. It is only *to be expected* that we will find adjectives (as, for example, "iridescent") which are colour characteristics of an extended area or of a small expanse in a particular surrounding "shimmering", "glittering", "gleaming", "luminous").

67. And indeed the pure colours do not even have special commonly used names, that's how unimportant they are to us.

[1] The MS may contain a question-mark here. *Ed.*

68. Denken wir uns jemand malte jedes beliebige Stück der Natur, und zwar in den naturgetreuen Farben. Jeder Flächenteil so eines Gemäldes hat eine bestimmte Farbe. Welche Farbe? Wie bestimme ich ihren Namen? Soll sie den Namen des Pigments haben, das er aufgetragen hat, unter dem es z.B. zu kaufen ist? Aber könnte nicht in der besondern Umgebung ein solches Pigment ganz anders aussehen als auf der Palette?

69. So kämen wir also vielleicht dazu, kleinen Farbstückchen auf einem schwarzen Grund (z.B.) besondere Namen zu geben.

Ich will damit eigentlich zeigen, daß es gar nicht a priori klar ist, welches die *einfachen* Farbbegriffe sind.

30.3

70. Es ist nicht wahr, daß eine dunklere Farbe zugleich eine schwärzlichere ist. Das ist ja klar. Ein sattes Gelb ist dunkler, aber nicht schwärzlicher als ein Weißlichgelb. Aber Amber ist auch nicht ein 'schwärzliches Gelb'. (?) Und doch redet man, auch von einem 'schwarzen' Glas oder Spiegel.– Liegt die Schwierigkeit darin, daß ich mit "Schwarz" wesentlich eine Oberflächenfarbe meine?

Ich würde von einem Rubin nicht sagen, er habe ein schwärzliches Rot, denn das würde auf *Trübe* deuten. (Anderseits erinnere dich, daß sich Trübe und Durchsichtigkeit *malen* lassen.)

71. Ich behandle die Farbbegriffe ähnlich wie die Begriffe der Sinnesempfindungen.

72. Die Farbbegriffe sind ähnlich zu behandeln wie die Begriffe der Sinnesempfindungen.

73. Es gibt nicht *den* reinen Farbbegriff.

74. Woher aber dann die Täuschung? Ist sie nicht eine vorschnelle Vereinfachung in der Logik wie jede andre?

75. D.h.: die verschiedenen Farbbegriffe sind wohl eng mit einander verwandt, die verschiedenen 'Farbwörter' haben einen verwandten Gebrauch, aber es sind mancherlei Unterschiede.

76. Runge sagt, es gebe durchsichtige und undurchsichtige Farben. Aber ein Stück grünes Glas wird in einem Bild darum nicht mit einem andern Grün gemalt als grünes Tuch.

68. Let us imagine that someone were to paint something from nature and in its natural colours. Every bit of the surface of such a painting has a definite colour. What colour? How do I determine its name? Should we, e.g. use the name under which the pigment applied to it is sold? But mightn't such a pigment look completely different in its special surrounding than on the palette?

69. So perhaps we would then start to give special names to small coloured patches on a black background (for example).

What I really want to show here is that it is not at all clear *a priori* which are the simple colour concepts.

30.3

70. It is not true that a darker colour is at the same time a more blackish one. That's certainly clear. A saturated yellow *is* darker, but is not more blackish than a whitish yellow. But amber isn't a 'blackish yellow' either. (?) And yet people speak of a 'black' glass or mirror. – Perhaps the trouble is that by "black" I mean essentially a surface colour?

I would not say of a ruby that it is blackish red, for that would suggest cloudiness. (On the other hand, don't forget that both cloudiness and transparency can be *painted*.)

71. I treat colour concepts like the concepts of sensations.

72. The colour concepts are to be treated like the concepts of sensations.

73. There is no such thing as *the* pure colour concept.

74. Where does the illusion come from then? Aren't we dealing here with a premature simplification of logic like any other?

75. I.e., the various colour concepts are certainly closely related to one another, the various 'colour words' have a related use, but there are, on the other hand, all kinds of differences.

76. Runge says that there are transparent and opaque colours. But this does not mean that you would use different greens to paint a piece of green glass and a green cloth in a picture.

77. Es ist ein eigentümlicher Schritt der Malerei, ein Glanzlicht durch eine Farbe darzustellen.

78. Die Unbestimmtheit im Begriff der Farbe liegt vor allem in der Unbestimmtheit des Begriffs der Farbengleichheit, also der Methode des Vergleichens der Farben.

79. Es gibt Goldfarbe, aber Rembrandt hat einen goldenen Helm nicht mit Goldfarbe dargestellt.

80. Was macht Grau zu einer neutralen Farbe? Ist es etwas Physiologisches, oder etwas Logisches?
Was macht die bunten Farben zu *bunten*? Liegt es im Begriff, oder in Ursache und Wirkung?
Warum nimmt man in den 'Farbenkreis' nicht Weiß und Schwarz auf? Nur weil das gegen ein Gefühl in uns streitet?

81. Es gibt kein leuchtendes Grau. Gehört das zum Begriff des Grau, oder zur Psychologie, also zur Naturgeschichte, des Grau? Und ist es nicht seltsam, daß ich das nicht weiß?

82. Daß die Farben ihre charakteristischen Ursachen und Wirkungen haben, das wissen wir.

83. Grau ist zwischen zwei Extremen (Schwarz und Weiß), und kann eine Tönung von jeder andern Farbe annehmen.

84. Wäre es denkbar, daß jemand alles, was wir weiß sehen, schwarz sähe, und umgekehrt?

85. In einem bunten Muster könnte Schwarzes und Weißes neben Rotem und Grünem etc. sein, ohne als andersartig sich abzusondern.
Nur im Farbenkreis fiele es heraus. Schon weil sich Schwarz und Weiß mit allen andern Farben mischen; besonders auch: beide mit ihrem Gegenpol.

86. Kann man sich nicht vorstellen, daß Menschen eine andere Farbengeometrie hätten, als unsre normale? Und das heißt natürlich: kann man es beschreiben, kann man der Aufforderung es zu beschreiben ohne weiteres nachkommen, weiß man also *unzweideutig*, was von uns verlangt wird?
Die Schwierigkeit ist offenbar die: Zeigt uns nicht gerade die Farbengeometrie, wovon die Rede ist, daß nämlich von den Farben die Rede ist?

77. It is a peculiar step taken in painting, that of depicting a highlight by means of a colour.

78. The indefiniteness in the concept of colour lies, above all, in the indefiniteness of the concept of the sameness of colours, i..e of the method of comparing colours.

79. There is gold paint, but Rembrandt didn't use it to paint a golden helmet.

80. What makes grey a neutral colour? Is it something physiological or something logical?

What makes bright colours bright? Is it a conceptual matter or a matter of cause and effect?

Why don't we include black and white in the colour circle? Only because we have a feeling that it's wrong?

81. There is no such thing as luminous grey. Is that part of the concept of grey, or part of the psychology, i.e. the natural history, of grey? And isn't it odd that I don't know?

82. Colours have characteristic causes and effects – that we do know.

83. Grey is between two extremes (black and white), and can take on the hue of any other colour.

84. Would it be conceivable for someone to see as black everything that we see as white, and *vice versa*?

85. In a brightly coloured pattern black and white can be next to red and green, etc. without standing out as different.

This would not be the case, however, in the colour circle, if only because black and white mix with all the other colours. But also in particular, they both mix with their opposite pole.

86. Can't we imagine people having a geometry of colours different from our normal one? And that, of course, means: can we describe it, can we immediately respond to the request to describe it, that is, do we know *unambiguously* what is being demanded of us?

The difficulty is obviously this: isn't it precisely the geometry of colours that shows us what we're talking about, i.e. that we are talking about colours?

87. Die Schwierigkeit es sich vorzustellen (oder es sich auszumalen) ist also eigentlich die, zu wissen, wann man sich *das* ausgemalt hat. D.h., die Unbestimmtheit der Aufforderung, es sich vorzustellen.

88. Die Schwierigkeit ist also, zu wissen, was hier als das Analogon eines uns Bekannten zu betrachten ist.

89. Eine Farbe, die als Farbe einer Wand 'schmutzig' wäre, ist es darum nicht in einem Gemälde.

90. Ich bezweifle, daß Goethes Bemerkungen über die Charaktere der Farben für einen Maler nützlich sein können. Kaum für einen Dekorateur.

91. Gäbe es eine Harmonielehre der Farben, so würde sie etwa mit einer Einteilung der Farben in verschiedene Gruppen anfangen und gewisse Mischungen oder Nachbarschaften verbieten, andere erlauben; und sie würde, wie die Harmonielehre, ihre Regeln nicht begründen.

92. Kann uns das kein Licht aufstecken über die *Art* jener Unterscheidungen zwischen den Farben?

93. [Wir sagen nicht, A wisse etwas, B das Gegenteil. Setzt man aber statt "wissen" "glauben", so ist es ein Satz.]

94. Runge an Goethe: "Wenn man sich ein bläuliches Orange, ein rötliches Grün oder ein gelbliches Violett denken will, wird einem so zu Muthe wie bei einem südwestlichen Nordwinde."
Ebendaselbst: "Weiß sowohl als Schwarz sind beide undurchsichtig oder körperlich. . . . . Weißes Wasser wird man sich nicht denken können, was rein ist, so wenig wie klare Milch. Wenn das Schwarze bloß dunkel machte, so könnte es wohl klar sein; da es aber schmutzt, so kann es solches nicht."

95. In meinem Zimmer um mich her sind verschieden gefärbte Gegenstände. Es ist leicht, ihre Farben anzugeben. Wenn ich aber gefragt würde, welche Farbe ich jetzt von hier aus, an *dieser* Stelle meines Tisches etwa, sehe, so könnte ich darauf nicht antworten; die Stelle ist weißlich (weil der braune Tisch hier von der hellen Wand aufgehellt wird), sie ist jedenfalls weit heller als das Übrige des Tisches, aber ich könnte nicht aus Farbmustern eins auswählen, das die gleiche Färbung hätte wie diese Stelle des Tisches.

87. The difficulty of imagining it (or of filling out the picture of it) is in knowing when one has pictured *that*. I.e. the indefiniteness of the request to imagine it.

88. The difficulty is, therefore, one of knowing what we are supposed to consider as the analogue of something that is familiar to us.

89. A colour which would be 'dirty' if it were the colour of a wall, needn't be so in a painting.

90. I doubt that Goethe's remarks about the characters of the colours could be of any use to a painter. They could hardly be any to a decorator.

91. If there were a theory of colour harmony, perhaps it would begin by dividing the colours into different groups and forbidding certain mixtures or combinations and allowing others; and, as in harmony, its rules would be given no justification.

92. Mayn't that open our eyes to the *nature* of those differentiations among colours?

93. [We don't say A knows something and B knows the opposite. But if we say "believes" instead of "knows", then it is a proposition.]

94. Runge to Goethe: "If we were to think of a bluish orange, a reddish green or a yellowish violet, we would have the same feeling as in the case of a southwesterly northwind."
Also: what amounts to the same thing, "Both white and black are opaque or solid. . . . White water which is pure is as inconceivable as clear milk. If black merely made things dark, it could indeed be clear; but because it smirches things, it can't be."

95. In my room I am surrounded by objects of different colours. It is easy to say what colour they are. But if I were asked what colour I am now seeing from here at, say, *this* place on my table, I couldn't answer; the place is whitish (because the light wall makes the brown table lighter here) at any rate it is much lighter than the rest of the table, but, given a number of colour samples, I wouldn't be able to pick out one which had the same coloration as this area of the table.

96. Daß es mir – oder Allen – so scheint, daraus folgt nicht, daß es so *ist*.

Also: Daraus, daß uns Allen dieser Tisch braun erscheint, folgt nicht, daß er braun ist. Aber was heißt es nur: "Dieser Tisch ist am Ende doch nicht braun"?—So folgt also doch daraus, daß er uns braun erscheint, daß er braun ist?

97. *Nennen* wir nicht eben den Tisch braun, der dem Normalsichtigen unter gewissen Umständen braun erscheint? Wir könnten uns freilich jemand denken, dem die Dinge unabhängig von ihrer Farbe einmal so, einmal so gefärbt schienen.

98. Daß es den Menschen so scheint, ist ihr Kriterium dafür, daß es so *ist*.

99. So scheinen und so sein mag freilich in Ausnahmsfällen von einander unabhängig sein, aber das macht sie nicht logisch unabhängig; das Sprachspiel liegt nicht in der Ausnahme.

100. *Goldig* ist eine Oberflächen-farbe.

101. Wir haben *Vorurteile* die Verwendung der Wörter betreffend.

102. Auf die Frage "Was bedeutet 'rot', 'blau', 'schwarz', 'weiß'?", können wir freilich gleich auf Dinge, die so gefärbt sind, zeigen, – aber das ist auch alles: weiter geht unsre Fähigkeit die Bedeutungen zu erklären nicht.

103. Im übrigen machen wir uns von ihnen keine, oder eine ganz rohe, zum Teil falsche Vorstellung.

104. 'Dunkel' und 'schwärzlich' sind nicht der gleiche Begriff.

105. Runge sagt, das Schwarz 'schmutzt': was heißt das? Ist das eine Wirkung des Schwarzen auf's Gemüt? Ist hier eine *Wirkung* der Beimischung der schwarzen Farbe gemeint?

106. Worin liegt es, daß ein dunkles Gelb nicht als 'schwärzlich' empfunden werden muß, auch wenn wir es dunkel nennen?

Die Logik der Farbbegriffe ist eben viel komplizierter als es scheinen möchte.

96. Because it seems so to me – or to everybody – it does not follow that it *is* so.

Therefore: From the fact that this table seems brown to everyone, it does not follow that it is brown. But just what does it mean to say, "This table isn't really brown after all"? – So *does* it then follow from its appearing brown to us, that it is brown?

97. Don't we just *call* brown the table which under certain circumstances appears brown to the normal-sighted? We could certainly conceive of someone to whom things seemed sometimes this colour and sometimes that, independently of the colour they are.

98. That it seems so to men is their criterion for its *being* so.

99. Being and seeming may, of course, be independent of one another in exceptional cases, but that doesn't make them logically independent; the language-game does not reside in the exception.

100. *Golden* is a surface colour.

101. We have *prejudices* with respect to the use of words.

102. When we're asked "What do 'red', 'blue', 'black', 'white', mean?" we can, of course, immediately point to things which have these colours, – but that's all we can do: our ability to explain their meaning goes no further.

103. For the rest, either we have no idea at all, or a very rough and to some extent false one.

104. 'Dark' and 'blackish' are not the same concept.

105. Runge says that black 'dirties'; what does that mean? Is that an emotional effect which black has on us? Is it an *effect* of the addition of black colour that is meant here?

106. Why is it that a dark yellow doesn't have to be perceived as 'blackish', even if we call it dark?

The logic of the concept of colour is just much more complicated than it might seem.

107. Die Begriffe 'matt' und 'glänzend'. Wenn man sich unter 'Farbe' etwas denkt, was die Eigenschaft eines Punktes im Raum ist, dann haben die Begriffe matt und glänzend keinen Bezug auf diese Farbbegriffe.

108. Die erste 'Lösung' für das Problem der Farben, die uns einfällt, ist daß die 'reinen' Farbbegriffe sich auf Punkte oder unteilbare kleine Flecken im Raum beziehen. Frage: wie sind die Farben zweier solchen Punkte zu vergleichen? Einfach indem man den Blick von dem einem zum andern wendet? Oder durch den Transport eines farbigen Gegenstands? Wenn dieses, wie weiß man, daß dieser Gegenstand seine Farbe dabei nicht geändert hat; wenn jenes, wie kann man die Farbpunkte mit einander vergleichen, ohne daß der Vergleich durch ihre Umgebung beeinflußt wird?

109. Ich könnte mir einen Logiker vorstellen, der erzählt, er sei jetzt dahin gelangt, daß er 2 × 2 = 4 *wirklich denken* könne.

110. Wenn du dir über die Rolle der Logik in den Farbbegriffen nicht klar bist, beginne mit dem einfachen Fall eines gelblichen Rot, z.B.. Dies gibt es, daran zweifelt niemand. Wie lerne ich den Gebrauch des Wortes "gelblich"? Durch Sprachspiele des Ordnens z.B.
Ich kann also lernen, in Übereinstimmung mit andern, gelbliche und gelblichere Rot, Grün, Braun und Weiß zu erkennen.
Dabei mache ich selbstständige Schritte wie in der Arithmetik. Die Aufgabe, ein gelbliches Blau zu finden, mag der Eine durch ein Grünblau lösen, der Andre nicht verstehen. Wovon hängt das ab?

111. *Ich* sage Grünblau enthält *kein* Gelb; wenn mir ein Andrer sagt, doch, es enthält Gelb, wer hat Recht? Wie ist es zu prüfen? Unterscheiden sich die beiden nur durch ihre Worte? – Wird nicht der Eine ein reines Grün anerkennen, das weder zum Blauen noch zum Gelben neigt? Und was ist der Nutzen hievon? In welchen Sprachspielen läßt sich das verwenden? – Er wird jedenfalls die Aufgabe lösen können, grüne Dinge auszusondern, die *nichts* Gelbliches haben, und solche, die *kein* Blau enthalten. Darin wird der Trennungspunkt 'Grün' bestehen, den der Andre nicht kennt.

112. Der Eine wird ein Sprachspiel erlernen können, das der Andre nicht erlernen kann. Und *darin muß* ja auch alle Art der Farben-

107. The concepts 'matt' and 'shiny'. If, when we think of 'colour' we think of a property of a point in space, then the concepts matt and shiny have no reference to these colour concepts.

108. The first 'solution' which occurs to us for the problem of colours is that the 'pure' colour concepts refer to points or tiny indivisible patches in space. Question: how are we to compare the colours of two such points? Simply by letting one's gaze move from one to the other? Or by moving a coloured object? If the latter, how do we know that this object has not changed colour in the process; if the former, how can we compare the coloured points without the comparison being influenced by what surrounds them?

109. I could imagine a logician who tells us that he has now succeeded in *really* being able to *think* $2 \times 2 = 4$.

110. If you are not clear about the role of logic in colour concepts, begin with the simple case of, e.g. a yellowish red. This exists, no one doubts that. How do I learn the use of the word "yellowish"? Through language-games in which, for example, things are put in a certain order.

Thus I can learn, in agreement with other people, to recognize yellowish and still more yellowish red, green, brown and white.

In the course of this I learn to proceed independently just as I do in arithmetic. One person may react to the order to find a yellowish blue by producing a blue-green, another may not understand the order. What does this depend upon?

111. *I* say blue-green contains *no* yellow: if someone else claims that it certainly does contain yellow, who's right? How can we check? Is there only a verbal difference between us? – Won't the one recognize a pure green that tends neither toward blue nor toward yellow? And of what use is this? In what language-games can it be used? – He will at least be able to respond to the command to pick out the green things that contain *no* yellow, and those that contain *no* blue. And this constitutes the demarcation point 'green', which the other does not know.

112. The one can learn a language-game that the other one cannot. And indeed *this must* be what constitutes colour-blindness of all

blindheit bestehen. Denn könnte der 'Farbenblinde' die Sprachspiele des Normalen lernen, warum sollte man ihn von gewissen Berufen ausschließen?

113. Hätte man also Runge auf diesen Unterschied von Grün und Orange aufmerksam gemacht, so hätte er vielleicht die Idee, es gäbe nur *drei* Grundfarben, aufgegeben.

114. Inwiefern nun gehört, ob einer ein Spiel erlernen oder nicht erlernen kann, der Logik und nicht der Psychologie an?

115. Ich sage: Wer *dies* Spiel nicht spielen kann, hat *diesen* Begriff nicht.

116. Wer hat den Begriff 'morgen'? Von wem sagen wir, er hätte ihn?

117. Ich sah auf einer Photographie einen Buben mit glatt zurückgekämmtem blondem Haar und einer schmutzigen hellen Jacke und einen Mann mit dunklem Haar vor einer Maschine stehen, die zum Teil aus schwarz gestrichenen Gußteilen, teils aus bearbeiteten, glatten Wellen, Zahnrädern u.a. bestand, und daneben ein Gitter aus hellem verzinktem Draht. Das bearbeitete Eisen hatte Eisenfarbe, das Haar des Jungen war blond, die Gußteile schwarz, das Gitter zinkfarbig, obgleich alles nur durch hellere und dunklere Töne des photographischen Papiers dargestellt war.

118. Es mag Geistesschwache geben, denen man den Begriff 'morgen' nicht beibringen kann, oder den Begriff 'ich', oder das Ablesen der Uhrzeit. Er würde den Gebrauch des Wortes "morgen" nicht erlernen etc.

119. Wem kann ich nun mitteilen, *was* dieser Geistesschwache nicht erlernen kann? Nicht nur dem, der es selbst erlernt hat? Kann ich Einem nicht mitteilen, der und der könnte höhere Mathematik nicht erlernen, auch wenn jener sie nicht beherrscht? Und doch: weiß er, wer höhere Mathematik gelernt hat, nicht genauer? Versteht nicht der das Wort "Schach" anders, der das Spiel gelernt hat, als der es nicht kann? Was nennt man "eine Technik beschreiben"?

kinds. For if the 'colour-blind' person could learn all the language-games of normal people, why should he be excluded from certain professions?

113. If someone had called this difference between green and orange to Runge's attention, perhaps he would have given up the idea that there are only *three* primary colours.

114. Now to what extent is it a matter of logic rather than psychology that someone can or cannot learn a game?

115. I say: The person who cannot play *this* game does not have *this* concept.

116. Who has the concept 'tomorrow'? Of whom do we say this?

117. I saw in a photograph a boy with slicked-back blond hair and a dirty light-coloured jacket, and a man with dark hair, standing in front of a machine which was made in part of castings painted black, and in part of finished, smooth axles, gears, etc., and next to it a grating made of light galvanized wire. The finished iron parts were iron coloured, the boy's hair was blond, the castings black, the grating zinc-coloured, despite the fact that everything was depicted simply in lighter and darker shades of the photographic paper.

118. There may be mental defectives who cannot be taught the concept 'tomorrow' or the concept 'I', nor to tell time. Such would not learn the use of the word 'tomorrow' etc.

119. Now to whom can I communicate *what* this mental defective cannot learn? Just to whoever has learned it himself? Can't I tell someone that so-and-so cannot learn higher mathematics, even if this person himself hasn't mastered it? And yet: doesn't the person who has learned higher mathematics know more precisely what I mean? Doesn't the person who has learned the game understand the word 'chess' differently from someone who doesn't know it? What do we call "describing a technique"?

120. Oder so: Haben der Normalsehende und der Farbenblinde den gleichen Begriff der Farbenblindheit?

Und doch versteht der Farbenblinde die Aussage "Ich bin farbenblind" und auch die gegenteilige.

Ein Farbenblinder kann nicht nur unsre Farbnamen sondern auch das Wort "farbenblind" nicht ganz so verwenden lernen wie ein Normaler. Er kann z.B. die Farbenblindheit nicht immer feststellen, wo der Normale es kann.

121. Und wem kann ich beschreiben, was *wir* Normalen alles erlernen können?

Auch das Verstehen der Beschreibung setzt schon voraus, daß er etwas gelernt hat.

122. Wie kann ich Einem beschreiben, wie wir das Wort "morgen" gebrauchen? Ich kann ein Kind dies *lehren*; aber das heißt nicht, ihm den Gebrauch beschreiben.

Aber kann ich doch die Praxis von Leuten beschreiben, die einen Begriff haben, z.B. 'rötlichgrün', den wir nicht besitzen? – Ich kann diese Praxis doch jedenfalls niemand *lehren*.

123. Kann ich denn auch nur sagen: "Diese Leute nennen *dies* (ein Braun etwa) rötlichgrün"? Wäre es dann eben nur ein andres Wort für etwas, wofür auch ich eins habe? Wenn sie wirklich einen anderen Begriff haben als ich, so muß sich das darin zeigen, daß ich mich in ihrem Wortgebrauch nicht ganz auskenne.

124. Ich habe aber doch immer wieder gesagt, man könnte sich denken, daß unsre Begriffe anders wären, als sie sind. War das alles Unsinn?

11.4

125. Die Goethesche Lehre von der Entstehung des Spektrums ist nicht eine Theorie der Enstehung, eine die sich als ungenügend erwiesen hat, sondern eigentlich gar keine Theorie. Es läßt sich durch sie *nichts* vorhersagen. Sie ist eher ein vages Denkschema nach Art derer, die wir in James's Psychologie finden. Es gibt für die Goethesche Farbenlehre kein experimentum crucis.

Wer mit Goethe übereinstimmt findet, daß Goethe die *Natur* der Farbe richtig erkannt hat. Und die 'Natur' ist hier nicht eine Summe von Erfahrungen, die Farben betreffend, sondern [liegt] im Begriff der Farbe.

120. Or: Do normally sighted people and colour-blind people have the same concept of colour-blindness?

And yet the colour-blind person understands the statement "I am colour-blind", and its negation as well.

A colour-blind person not merely can't learn to use our colour words, he can't learn to use the word "colour-blind" exactly as a normal person does. He cannot for example always determine colour-blindness in cases where the normal-sighted can.

121. And to whom can I describe all the things *we* normal people can learn?

Understanding the description itself already presupposes that he has learned something.

122. How can I describe to someone how we use the word "to-morrow"? I can *teach* it to a child; but this does not mean I'm describing its use to him.

But can I describe the practice of people who have a concept, e.g. 'reddish-green', that we don't possess? – In any case I certainly can't *teach* this practice to anyone.

123. Can I then only say: "These people call *this* (brown, for example) reddish green"? Wouldn't it then just be another word for something that I have a word for? If they really have a different concept than I do, this must be shown by the fact that I can't quite figure out their use of words.

124. But I have kept on saying that it's conceivable for our concepts to be different than they are. Was that all nonsense?

11.4

125. Goethe's theory of the origin of the spectrum *isn't* a theory of its origin that has proved unsatisfactory; it is really not a theory at all. *Nothing* can be predicted by means of it. It is, rather, a vague schematic outline, of the sort we find in James's psychology. There is no *experimentum crucis* for Goethe's theory of colour.

Someone who agrees with Goethe finds that Goethe correctly recognized the nature of colour. And here 'nature' does not mean a sum of experiences with respect to colours, but it is to be found in the concept of colour.

126. Eins war Goethe klar: Aus Dunkelheiten kann sich kein Helles zusammensetzen – wie eben aus mehr und mehr Schatten nicht Licht entsteht. Das aber ließe sich so ausdrücken: Wenn man z.B. Lila ein "rotlich-weißlich-blau" nennt, oder Braun ein "rötlich-schwärzlich-gelb", so kann man nun Weiß *kein* "gelblich-rötlich-grünlich-blau" (oder dergleichen) nennen. Und *das* wird auch von Newton nicht bewiesen. Weiß ist nicht in *diesem* Sinne eine Mischfarbe.

12.4

127. 'Die Farben', das sind nicht Dinge, die bestimmte Eigenschaften haben, so daß man ohne weiteres nach Farben suchen, sich Farben vorstellen könnte, die wir noch nicht kennen, oder uns jemand vorstellen können, der andere kennt als wir. Es ist schon möglich, daß wir unter gewissen Umständen sagen würden, Leute kennten Farben, die wir nicht kennen, aber gezwungen sind wir zu diesem Ausdruck nicht. Denn es ist nicht gesagt, was wir als ausreichende Analogien zu unsern Farben ansehen sollen, um das sagen zu können. Es ist hier ähnlich, wie wenn man von infrarotem '*Licht*' spricht; es ist guter Grund dafür, es zu tun, aber man kann dies auch für einen Mißbrauch erklären.

Und ähnlich geht es mit meinem Begriffe: 'im Körper des Andern Schmerzen haben'.

128. Ein Stamm von lauter Farbenblinden könnte sehr wohl leben; aber hätten sie alle unsre Farbnamen entwickelt, und wie entspräche ihre Nomenklatur der unsern? Wie sähe hier die ihnen natürliche Sprache aus?? Wissen wir's? Hätten sie vielleicht drei Grundfarben: Blau, Gelb und ein Drittes, was die Stelle von Rot und Grün einnimmt? — Wie, wenn wir so einem Stamm begegneten und seine Sprache lernen wollten? Wir würden da auf gewisse Schwierigkeiten stoßen.

129. Könnte es nicht Menschen geben, die unsre Ausdruckweise, daß Orange ein rötliches Gelb ist (etc.) nicht verstünden und die nur dort geneigt wären, so etwas zu sagen, wo ein Orange (z.B.) in einem wirklichen Farbübergang von Rot nach Gelb vorkommt? Und für solche könnte es auch leicht ein rötliches Grün geben.

Sie könnten also nicht 'die Mischfarbe analysieren', unsern Gebrauch von X-lich Y nicht erlernen. (Ähnlich Menschen ohne absolutes Gehör.)

130. Und wie wäre es mit den Menschen, die nur Farb-Form Begriffe hätten? Soll ich von ihnen sagen, sie *sähen* nicht, daß ein grünes

126. One thing was clear to Goethe: no lightness can come out of darkness – just as more and more shadows do not produce light. This could however be expressed as follows: we may, for example, call lilac a "reddish-whitish-blue", or brown a "reddish-blackish-yellow", but we *cannot* call white a "yellowish-reddish-greenish-blue" (or the like). And *that* is something that Newton didn't prove either. White is not a blend of colours in *this* sense.

12.4

127. 'The colours' are not things that have definite properties, so that one could straight off look for or imagine colours that we don't yet know, *or* imagine someone who knows different ones than we do. It is quite possible that, under certain circumstances, we would say that people know colours that we don't know, but we are not forced to say this, for there is no indication as to what we should regard as adequate analogies to our colours, in order to be able to say it. This is like the case in which we speak of infra-red 'light'; there is a good reason for doing it, but we can also call it a misuse.

And something similar is true with my concept 'having pain in someone else's body'.

128. There could very easily be a tribe of people who are all colour-blind and who nonetheless live very well; but would they have developed all our colour names, and how would their nomenclature correspond to ours? What would their natural language be like? ? Do we know? Would they perhaps have three primary colours: blue, yellow and a third which takes the place of red and green? – What if we were to encounter such a tribe and wanted to learn their language? We would no doubt run into certain difficulties.

129. Couldn't there be people who didn't understand our way of speaking when we say that orange is a reddish-yellow (etc.) and who were only inclined to say this in cases in which orange occurs in an actual transition from red to yellow? And for such people there might very well be a reddish green.

Therefore, they couldn't 'analyse blends of colours' nor could they learn our use of X-ish Y. (Like people without perfect pitch).

130. And what about people who only had colour-shape concepts? Should I say of them that they do not *see* that a green leaf and a

Blatt und ein grüner Tisch, wenn ich ihnen diese zeige, die gleiche Farbe haben, oder: daß sie etwas gemein haben? Wie, wenn sie 'darauf nicht verfallen sind' verschieden geformte gleichfärbige Gegenstände mit einander zu vergleichen? Dieser Vergleich hatte, in Folge ihrer besonderen Umgebung, keine Wichtigkeit für sie, oder nur ganz ausnahmsweise Wichtigkeit, so daß es zur Bildung eines Sprachinstruments nicht kam.

131. Ein Sprachspiel: Über die größere Helligkeit oder Dunkelheit von Körpern berichten. – Aber nun gibt es ein damit *verwandtes*: über das Verhältnis der Helligkeiten bestimmter *Farben* auszusagen. (Zu vergleichen: Verhältnis der Längen zwei bestimmter Stäbe – Verhältnis zwei bestimmter Zahlen).

Die Form der Sätze in beiden ist die gleiche ("X heller als Y"). Aber im ersten Sprachspiel sind sie zeitlich, im zweiten unzeitlich.

132. In einer bestimmten Bedeutung von "weiß" ist Weiß die hellste aller Farben.

In einem Bild, in welchem ein Stück weißes Papier seine Helligkeit vom blauen Himmel kriegt, ist dieser heller als das Weiße. Und doch ist, in anderm Sinne, Blau die dunklere, Weiß die hellere Farbe (Goethe). Von einem Weiß und einem Blau auf der Palette, wäre dies heller als jenes. Auf der Palette ist das Weiß die hellste Farbe.

133. Ich mag mir ein bestimmtes Grau-grün so einprägen, daß ich es ohne ein Muster immer richtig wiedererkenne. Das reine Rot (Blau etc.) aber kann ich mir sozusagen immer wieder konstruieren. Es ist eben ein Rot, welches weder auf die eine noch auf die andre Seite neigt, und ich erkenne es ohne ein Muster, wie z.B. den rechten Winkel im Gegensatz zu einem beliebigen spitzen oder stumpfen.

134. In diesem Sinne gibt es nun vier (oder mit Weiß und Schwarz sechs) reine Farben.

135. Eine *Naturgeschichte* der Farben müßte über ihr Vorkommen in der Natur berichten, nicht über ihr *Wesen*. Ihre Sätze müßten zeitliche Sätze sein.

136. Nach Analogie mit den andern Farben müßte eine schwarze Zeichnung auf weißem Grunde, gesehen durch ein durchsichtiges

green table – when I show them these things – have the same colour or have something in common? What if it had never 'occurred to them' to compare differently shaped objects of the same colour with one another? Due to their particular background, this comparison was of no importance to them, or had importance only in very exceptional cases, so that no linguistic tool was developed.

131. A language-game: report on the greater lightness or darkness of bodies. – But now there is a *related* one: state the relationship between the lightness of certain *colours*. (Compare: the relationship between the lengths of two given sticks – the relationship between two given numbers.)

The form of the propositions is the same in both cases ("X lighter than Y"). But in the first language-game they are temporal and in the second non-temporal.

132. In a particular meaning of "white" white is the lightest colour of all.

In a picture in which a piece of white paper gets its lightness from the blue sky, the sky is lighter than the white paper. And yet in another sense blue is the darker and white the lighter colour (Goethe). With a white and a blue on the palette, the former would be lighter than the latter. On the palette, white is the lightest colour.

133. I may have impressed a certain grey-green upon my memory so that I can always correctly identify it without a sample. Pure red (blue, etc.) however, I can, so to speak, always reconstruct. It is simply a red that tends neither to one side nor to the other, and I recognize it without a sample, as e.g. I do a right angle, by contrast with an arbitrary acute or obtuse angle.

134. Now in this sense there are four (or, with white and black, six) pure colours.

135. A *natural history* of colours would have to report on their occurrence in nature, not on their *essence*. Its propositions would have to be temporal ones.

136. By analogy with the other colours, a black drawing on a white background seen through a transparent *white* glass would have to

weißes Glas, unverändert als schwarze Zeichnung auf weißem Grunde erscheinen. Denn Schwarz muß Schwarz bleiben und Weiß, da es auch die Farbe des durchsichtigen Körpers ist, bleibt unverändert.

137. Man könnte sich ein Glas denken, wodurch Schwarz als Schwarz, Weiß als Weiß und alle andern Farben als Töne von Grau gesehen werden; sodaß, dadurch gesehen, alles wie auf einer Photographie ausschaut.
Aber warum sollte ich das "weißes Glas" nennen?

138. Die Frage ist: Ist die Bildung 'ein durchsichtiger weißer Körper' wie die 'regelmäßiges Zweieck'?

139. Ich kann einen Körper betrachten und etwa eine matte weiße Fläche *sehen*, d.h. den *Eindruck* so einer Fläche erhalten, oder den *Eindruck* der Durchsichtigkeit (ob sie nun vorhanden ist oder nicht). Dieser Eindruck mag durch die Verteilung der Farben hervorgebracht werden und an ihm sind Weiß und die andern Farben nicht in *gleicher* Weise beteiligt.
(Ich habe eine grünlich angestrichene Blechkuppel für durchscheinendes grünliches Glas gehalten, ohne zur Zeit zu wissen, welche Besonderheit der Farbenverteilung diesen Schein hervorbrachte.)

140. Und in dem Gesichtseindruck eines durchsichtigen Körpers kann wohl Weiß vorkommen, z.B. als Spiegelung, als Glanzlicht. D.h.: Wenn der Eindruck als durchsichtig empfunden wird, wird das Weiß, was wir sehen, eben nicht als Weiß des Körpers *gedeutet*.

141. Ich schaue durch ein durchsichtiges Glas: folgt daraus, daß ich nicht Weiß sehe? Nein, aber ich sehe nicht das Glas als weiß. Aber wie geht das zu? Es kann auf verschiedene Weise zugehen. Ich mag das Weiß mit *beiden* Augen als dahinterliegend sehen. Aber ich mag das Weiß auch einfach durch seine *Stellung* als Glanz sehen (auch wenn es vielleicht kein Glanz ist). Und doch handelt sich's hier um ein Sehen, nicht nur um ein Dafürhalten. Und es ist auch gar nicht zweiäugiges Sehen nötig, um etwas als *hinter* dem Glas liegend zu sehen.

142. Die verschiedenen 'Farben' haben mit dem *räumlichen* Sehen nicht alle den gleichen Zusammenhang.

appear unchanged as a black drawing on a white background. For the black must remain black and the white, because it is also the colour of the transparent body, remains unchanged.

137. We could imagine a glass through which black looked like black, white like white, and all the other colours appeared as shades of grey; so that seen through it everything appears as though in a photograph.

But why should I call that "white glass"?

138. The question is: is constructing a 'transparent white body' like constructing a 'regular biangle'?

139. I can look at a body and perhaps *see* a matt white surface, i.e. get the *impression* of such a surface, or the *impression* of transparency (whether it actually exists or not). This impression may be produced by the distribution of the colours, and white and the other colours are not involved in it in the *same* way.

(I took a green painted lead cupola to be translucent greenish glass without knowing at the time about the special distribution of colours that produced this appearance.)

140. And white may indeed occur in the visual impression of a transparent body, for example as a reflection, as a high-light. I.e. if the impression is perceived as transparent, the white which we see will simply not be *interpreted* as the body's being white.

141. I look through a transparent glass: does it follow that I don't see white? No, but I don't see the glass as white. But how does this come about? It can happen in various ways. I may see the white with *both* eyes as lying behind the glass. But simply in virtue of its position I may also see the white as a high-light (even when it isn't). And yet we're dealing here with seeing, not just taking something to be such-and-such. Nor is it at all necessary to use both eyes in order to see something as lying *behind* the glass.

142. The various 'colours' do not all have the same connexion with three-dimensional vision.

143. Und es ist gleichgültig, ob man dies durch die in der Kindheit von uns gesammelte Erfahrung erklärt, oder nicht.

144. Jener Zusammenhang ist wohl der zwischen Räumlichkeit und Licht und Schatten.

145. Man kann auch nicht sagen, Weiß sei wesentlich die Eigenschaft einer – visuellen – Oberfläche. Denn es wäre denkbar, das Weiß nur als Glanzlicht vorkäme, oder als Farbe einer Flamme.

146. Ja es kann auch ein in Wirklichkeit durchsichtiger Körper uns weiß erscheinen; aber er kann uns nicht als weiß und durchsichtig erscheinen.

147. Das aber sollte man nicht so ausdrücken: Weiß sei keine durchsichtige Farbe.

148. 'Durchsichtig' ließe sich mit 'spiegelnd' vergleichen.

149. Ein Element des Gesichtsraums kann weiß oder rot sein, aber weder durchsichtig noch undurchsichtig.

150. Durchsichtigkeit und Spiegeln gibt es nur in der Tiefendimension eines Gesichtsbildes.

151. Warum kann eine visuell einfärbige Ebene im Gesichtsfeld nicht bernsteinfarbig (amber) sein? Dies Farbwort bezieht sich auf ein durchsichtiges Medium; wenn daher ein Maler ein Glas mit bernsteinfarbenem Wein malt, so könnte man etwa die Fläche des Bildes, die es darstellt, "bernsteinfarbe" nennen, aber nicht ein einfärbiges Element dieser Fläche.

152. Könnten nicht auch glänzendes Schwarz und mattes Schwarz verschiedene Farbnamen haben?

153. Von etwas, was durchsichtig ausschaut, sagen wir nicht, es schaue weiß aus.

154. "Kann man sich nicht denken, daß Menschen eine andere Farbengeometrie hätten als wir?" – D.h. doch: Kann man sich nicht Menschen mit andern Farbbegriffen denken als den unsern; und das heißt wieder: Kann man sich nicht vorstellen, daß Menschen unsre Farbbegriffe *nicht* haben, und daß sie Begriffe *haben*, die mit unsern Farbbegriffen in solcher Weise verwandt sind, daß wir sie auch "Farbbegriffe" nennen möchten?

143. And it doesn't matter whether we explain this in terms of childhood experience or not.

144. It must be the connection between three-dimensionality, light and shadow.

145. Nor can we say that white is essentially the property of a – visual – surface. For it is conceivable that white should occur as a high-light or as the colour of a flame.

146. A body that is actually transparent can, of course, seem white to us; but it cannot seem white and transparent.

147. But we should not express this by saying: white is not a transparent colour.

148. 'Transparent' could be compared with 'reflecting'.

149. An element of visual space may be white or red, but can't be either transparent or opaque.

150. Transparency and reflection only exist in the dimension of depth of a visual image.

151. Why can't a monochromatic surface in the field of vision be amber-coloured? This colour-word refers to a transparent medium; thus if a painter paints a glass with amber-coloured wine in it, you could call the surface of the picture where this is depicted "amber-coloured", but you could not say this of any one monochromatic element of this surface.

152. Mightn't shiny black and matt black have different colour-names?

153. We don't say of something which looks transparent that it looks white.

154. "Can't we imagine people having a different geometry of colour than we do?" – That, of course, means: Can't we imagine people who have colour concepts which are other than ours; and that in turn means: Can't we imagine that people do *not* have our colour concepts and that they *have* concepts which are related to ours in such a way that we would also want to call them "colour concepts"?

155.[1] Wenn Menschen gewöhnt wären, immer nur grüne Quadrate und rote Kreise zu sehen, so könnten sie einen grünen Kreis mit Mißtrauen wie eine Mißgeburt betrachten und z.B. sogar sagen, es sei *eigentlich* ein Rotkreis, habe aber etwas von einem . . .[1]

Wenn Menschen nur Formfarbbegriffe hätten, so hätten sie also ein eigenes Wort für rotes Quadrat und ein eigenes für roten Kreis und eins für grünen Kreis, etc. Sehen sie aber nun eine neue *grüne* Figur, soll ihnen da keine Ähnlichkeit mit dem grünen Kreis, etc., auffallen? Und soll ihnen keine Ähnlichkeit zwischen grünem und rotem Kreis auffallen? Aber wie will ich, daß es sich zeige, daß ihnen die Ähnlichkeit auffällt?

Sie könnten z.B. einen Begriff des 'Zusammenpassens' haben; und dennoch nicht darauf verfallen, Farbwörter zu gebrauchen.

Es gibt ja auch Stämme, die nur bis 5 zählen, und diese haben wahrscheinlich die Notwendigkeit nicht empfunden, zu beschreiben, was so nicht zu beschreiben ist.

156. Runge: "Schwarz schmutzt". Das heißt, es nimmt der Farbe die *Buntheit*, aber was heißt das? Schwarz nimmt der Farbe die Leuchtkraft. Aber ist das etwas Logisches, oder etwas Psychologisches? Es gibt ein leuchtendes Rot, ein leuchtendes Blau etc., aber kein leuchtendes Schwarz. Schwarz ist die dunkelste der Farben. Man sagt "tief schwarz", aber nicht "tief weiß".

'Ein leuchtendes Rot' heißt aber nicht ein *helles* Rot. Auch ein dunkles Rot kann leuchten. Aber eine Farbe leuchtet durch ihre *Umgebung*, in ihrer Umgebung.

Grau aber leuchtet nicht.

Nun scheint aber Schwarz eine Farbe zu trüben, Dunkelheit jedoch nicht. Ein Rubin also könnte danach immer dunkler werden, ohne doch je trüb zu werden, würde er aber schwarzrot, so würde er trüb. Nun, Schwarz ist eine Oberflächenfarbe. Das Dunkel nennt man keine Farbe. Im Gemälde *kann* das Dunkel auch durch Schwarz dargestellt werden.

Der Unterschied zwischen Schwarz und, etwa, einem dunkeln Violett ist ähnlich dem zwischen dem Klang der großen Trommel und dem Klang einer Pauke. Vom ersten sagt man, es sei ein Geräusch, kein Ton. Es ist matt und ganz schwarz.

---

[1] Durchgestrichen. *Herausg.*

155.[1] If people were used to seeing nothing but green squares and red circles, they might regard a green circle with the same kind of mistrust with which they would regard a freak, and, for example, they might even say it is *really* a red circle, but has something of a...[1]

If people only had colour-shape concepts, they would have a special word for a red square and one for a red circle, and one for a green circle, etc. Now if they were to see a new *green* figure, should no similarity to the green circle, etc. occur to them? And shouldn't it occur to them that there is a similarity between green circles and red circles? But what do I want to say counts as showing that this similarity has occurred to them?

They might, *for example*, have a concept of 'going together'; and still not think of using colour words.

In fact there are tribes which only count up to 5 and they have probably not felt it necessary to describe anything that can't be described in this way.

156. Runge: "Black dirties". That means it takes the *brightness* out of a colour, but what does that mean? Black takes away the luminosity of a colour. But is that something logical or something psychological? There is such a thing as a luminous red, a luminous blue, etc., but no luminous black. Black is the darkest of the colours. We say "deep black" but not "deep white".

But a 'luminous red' does not mean a *light* red. A dark red can be luminous too. But a colour is luminous as a result of its context, in its context.

Grey, however, is not luminous.

But black seems to make a colour cloudy, but darkness doesn't. A ruby could thus keep getting darker without ever becoming cloudy; but if it became blackish red, it would become cloudy. Now black is a surface colour. Darkness is not called a colour. In paintings darkness *can* also be depicted as black.

The difference between black and, say, a dark violet is similar to the difference between the sound of a bass drum and the sound of a kettle-drum. We say of the former that it is a noise not a tone. It is matt and absolutely black.

---

[1] This paragraph was crossed out. *Ed.*

157. Sieh dein Zimmer am späten Abend an, wenn Farben kaum mehr zu unterschieden sind; und nun mach Licht und male was du im Dämmerlicht gesehen hast. Es gibt Bilder von Gegenden oder Räumen im Halbdunkel: Aber wie vergleicht man die Farben auf so einem Bild mit den im Halbdunkel gesehenen? Wie verschieden ist diese Vergleichung von der zweier Farbmuster, die ich zugleich vor mir habe und zum Vergleich aneinander lege!

158. Was läßt sich dafür sagen, daß Grün eine primäre Farbe ist und keine Mischfarbe von Blau und Gelb? Wäre diese Antwort richtig hier: "Man kann das nur direkt erkennen, indem man die Farben betrachtet"? Aber wie weiß ich, daß ich dasselbe mit den Worten "primäre Farbe" meine wie ein Andrer, der auch geneigt ist, Grün eine primäre Farbe zu nennen? Nein, hier gibt es Sprachspiele, die diese Frage entscheiden.

Es gibt ein mehr oder weniger bläuliches (oder gelbliches) Grün und es gibt die Aufgabe, zu einem gegebenen Gelblichgrün (oder Blaugrün) ein weniger gelbliches (oder bläuliches) zu mischen, oder aus einer Anzahl von Farbmustern auszuwählen. Ein weniger gelbliches ist aber kein bläulicheres Grün (u.u.), und es gibt auch die Aufgabe, ein Grün zu wählen – oder zu mischen – das weder gelblich noch bläulich ist. Und ich sage "oder zu mischen", weil ein Grün dadurch nicht zugleich gelblich und bläulich, weil es etwa durch ein Mischen von Gelb und Blau zustandekommt.

159. Denke daran, daß in einer glatten weißen Fläche Dinge sich spiegeln können, deren Spiegelbilder also hinter der Flache zu liegen scheinen und in *gewissem* Sinn durch sie gesehen werden.

160. Wenn ich von einem Papier sage, es sei rein weiß und es würde Schnee danebengehalten und es sähe nun grau aus, so würde ich es in seiner normalen Umgebung und für die gewöhnlichen Zwecke weiß, nicht hellgrau nennen. Es könnte sein, daß ich, im Laboratorium etwa, einen andern in *gewissem* Sinn verfeinerten Begriff von Weiß verwendete. (Wie ich dort manchmal auch einen verfeinerten Begriff der 'genauen' Zeitbestimmung verwende.)

161. Die reinen satten Farben haben eine ihnen spezifische wesentliche relative Helligkeit. Gelb z.B. ist heller als Rot. Ist Rot heller als Blau? Ich weiß es nicht.

157. Look at your room late in the evening when you can hardly distinguish between colours any longer; and now turn on the light and paint what you saw in the twilight. There are pictures of land-scapes or rooms in semi-darkness: But how do you compare the colours in such pictures with those you saw in semi-darkness? How different this comparison is from that of two colour samples which I have in front of me at the same time and compare by putting them side by side!

158. What is there in favour of saying that green is a primary colour and not a mixture of blue and yellow? Is it correct to answer: "You can only know it directly, by looking at the colours"? But how do I know that I mean the same by the words "primary colours" as someone else who is also inclined to call green a primary colour? No, here there are language-games that decide these questions.

There is a more or less bluish (or yellowish) green and someone may be told to mix a green less yellow (or blue) than a given yellow (or blue) one, or to pick one out from a number of colour samples. A less yellow green, however, is not a bluer one (and vice versa), and someone may also be given the task of choosing – or mixing – a green that is neither yellowish nor bluish. And I say "or mixing", because a green is not both yellowish and bluish on account of being produced by mixing yellow and blue.

159. Consider that things can be reflected in a smooth white surface in such a way that their reflections seem to lie behind the surface and in a *certain* sense are seen through it.

160. If I say a piece of paper is pure white and then place snow next to it and it then appears grey, in normal surroundings and for ordinary purposes I would call it white and not light grey. It could be that I'd use a different and, in a certain sense, more refined concept of white in, say, a laboratory, (where I sometimes also use a more refined concept of 'precise' determination of time).

161. The pure saturated colours are essentially characterized by a certain relative lightness. Yellow, for example, is lighter than red. Is red lighter than blue? I don't know.

162. Wer den Begriff der Zwischenfarben erhalten hat, seine Technik beherrscht, wer also zu gegebenen Farbtönen weißlichere, gelblichere, bläulichere finden, oder mischen kann, u.s.f., den fordere man nun auf, ein rötliches Grün zu wählen oder zu mischen.

163. Wem ein Rötlichgrün bekannt wäre, der sollte im Stande sein, eine Farbenreihe herzustellen, die mit Rot anfinge, mit Grün endet und, auch für uns, etwa einen kontinuierlichen Übergang zwischen ihnen bildet. Es könnte sich dann zeigen, daß dort, wo wir etwa jedesmal den gleichen Ton von Braun sähen, er einmal Braun, einmal Rötlichgrün sähe. Daß er z.B. zwei chemische Verbindungen, die für uns die gleiche Farbe hätten, nach der Farbe unterscheiden könnte und die eine "ein Braun", die andre ein "Rötlichgrün" nennte.

164. Um die Phänomene der Rotgrünblindheit zu beschreiben, brauche ich nur zu sagen, was der Rotgrünblinde *nicht* erlernen kann; um aber die 'Phänomene des normalen Sehens' zu beschreiben, müßte ich aufzählen, was wir tun *ķönnen*.

165. Wer die 'Phänomene der Farbenblindheit' beschreibt, beschreibt ja nur die *Abweichungen* des Farbenblinden vom Normalen, nicht auch sein ganzes übriges Sehen.
Aber könnte sie nicht auch die Abweichungen des normalen Sehens von totaler Blindheit beschreiben? Man könnte fragen: zu wessen Belehrung? Kann man mich davon unterrichten, daß ich einen Baum sehe?
Und was ist ein 'Baum' und was 'sehen'?

166. Man kann z.B. sagen: *So* handelt der Mensch mit einer Binde vor den Augen, und *so* der Sehende ohne Binde. Mit einer Binde reagiert er so und so, ohne Binde geht er schnell auf der Gasse, begrüßt seine Bekannten, nickt Diesem und Jenem zu, vermeidet beim Überqueren leicht die Wagen und Zweiräder, usw., usw.. Schon den Neugeborenen erkennt man als Sehenden daran, daß er Bewegungen mit den Augen folgt. Etc. etc. — Die Frage ist: Von wem soll die Beschreibung verstanden werden? Nur vom Sehenden, oder auch vom Blinden?
Es ist z.B. sinnvoll zu sagen "Der Sehende unterscheidet mit den Augen einen unreifen Apfel von einem reifen". Aber *nicht*: "Der

162. Someone who has learned the concept of intermediary colours, who has mastered the technique and who thus can find or mix shades of colour that are more whitish, more yellowish, more bluish than a given shade and so on, is now asked to pick out or to mix a reddish green.

163. Someone who is familiar with reddish green should be in a position to produce a colour series which starts with red and ends with green and constitutes for us too a continuous transition between the two. We might then discover that at the point where we perhaps always see the same shade of brown, this person sometimes sees brown and sometimes reddish green. It may be, for example, that he can differentiate between the colours of two chemical compounds that seem to us to be the same colour, and he calls one "a brown" and the other "reddish green".

164. In order to describe the phenomenon of red-green colour-blindness, I need only say what someone who is red-green colour-blind *cannot* learn; but now in order to describe the 'phenomena of normal vision' I would have to enumerate the things we *can* do.

165. Someone who describes the 'phenomena of colour-blindness' describes only the ways in which the colour-blind person *deviates* from the normal, not his vision in general.

But couldn't she also describe the ways in which normal vision deviates from total blindness? We might ask: who would learn from this? Can someone teach me that I see a tree?

And what is a 'tree', and what is 'seeing'?

166. We can, for example, say: *This* is the way a person acts with a blindfold over his eyes, and *this* is the way a sighted person without a blindfold acts. With a blindfold he reacts thus and so, without the blindfold he walks briskly along the street, greets his acquaintances, nods to this one and that, avoids the cars and bicycles easily when he crosses the street, etc., etc. Even with new-born infants, we know that they can see from the fact that they follow movements with their eyes. Etc., etc.. The question is: who is supposed to understand the description? Only sighted people, or blind people too?

It makes sense, for exampe, to say "the sighted person distinguishes with his eyes between an unripe apple and a ripe one." But

Sehende unterscheidet einen grünen von einem roten Apfel." Denn was ist 'rot' und 'grün'?

Randbemerkung: "Der Sehende unterscheidet einen Apfel, der ihm grün scheint, von einem, der ihm rot scheint."

Aber kann ich nicht sagen, "Ich unterscheide einen *solchen Apfel* von einem *solchen*" (indem ich auf einen roten und grünen zeige)? Aber wie, wenn jemand auf zwei für mich ganz gleiche Äpfel zeigt und das sagte?! Anderseits könnte er mir sagen "Für dich sehen diese beiden ganz gleich aus, du könntest sie daher verwechseln; aber ich sehe einen Unterschied, ich kann jeden jederzeit wiedererkennen." Das kann durch einen Versuch bestätigt werden.

167. Welche Erfahrung lehrt mich, daß ich Rot und Grün unterscheide?

168. Die Psychologie beschreibt die Phänomene des Sehens. Wem macht sie die Beschreibung? Welche Unwissenheit kann diese Beschreibung beheben?

169. Wenn ein Sehender nie von einem Blinden gehört hätte,— könnte man ihm das Verhalten der Blinden nicht beschreiben?

170. Ich kann sagen: "Der Farbenblinde kann einen grünen Apfel von einem roten nicht unterscheiden", und das läßt sich zeigen. Kann ich aber sagen: "Ich kann einen grünen Apfel von einem roten unterscheiden?" Nun, etwa: durch den Geschmack.—Aber doch z.B.: "Ich kann einen Apfel, den ihr 'grün' nennt, von einem, den ihr 'rot' nennt, unterscheiden," also "Ich bin nicht farbenblind".

171. Dieses Papier ist an verschiedenen Stellen verschieden hell; aber sieht es mir an den dunkleren Stellen grau aus? Der Schlagschatten meiner Hand ist zum Teil grau. Wo sich das Papier vom Licht wegneigt aber, sehe ich es weiß, wenn auch dunkler, auch wenn ich, um es zu malen, ein grau mischen müßte. Ist damit nicht ähnlich, daß man den entfernteren Gegenstand oft nur als entfernter nicht aber kleiner sieht? Daß man also nicht sagen kann "Ich merke, daß er kleiner ausschaut und schließe daraus, daß er entfernter ist", sondern ich merke, daß er entfernter ist, ohne sagen zu können, *wie* ich's merke.

172. Der Eindruck des (färbigen) durchsichtigen Mediums ist der, daß etwas hinter dem Medium liegt. Vollkommene Einfärbigkeit des Gesichtsbilds kann daher nicht durchsichtig sein.

not: "The sighted person distinguishes a green apple from a red one." For what are 'red' and 'green'?

Marginal note: "The sighted person distinguishes an apple that appears red to him from one which appears green."

But can't I say "I distinguish *this kind* of apple from *this* kind" (while pointing to a red apple and a green one)?

But what if someone points at two apples that seem to me to be exactly alike and says that?! On the other hand he could say to me "Both of them look exactly alike to you, so you might confuse them; but I see a difference and I can recognize each of them any time." That can be tested and confirmed.

167. What is the experience that teaches me that I differentiate between red and green?

168. Psychology describes the phenomena of seeing. For whom does it describe them? What ignorance can this description eliminate?

169. If a sighted person had never heard of a blind person,— couldn't we describe the behaviour of the blind person to him?

170. I can say: "The colour-blind person cannot distinguish between a green apple and a red one" and that can be demonstrated. But can I say "I can distinguish between a green apple and a red one"? Well, perhaps by the taste. – But still, for example, "I can distinguish an apple that you call 'green' from one that you call 'red', therefore I am not colour-blind".

171. This piece of paper varies in lightness from place to place, but does it look grey to me in the darker places? The shadow that my hand casts is in part grey. I see the parts of the paper that are farther away from the light darker but still white, even though I would have to mix a grey to paint it. Isn't this similar to the fact that we often see a distant object merely as distant and not as smaller? Thus we cannot say "I notice that he looks smaller, and I conclude from that that he is farther away", but rather I notice that he is farther away, without being able to say how I notice it.

172. The impression of a coloured transparent medium is that something is behind the medium. Thus if we have a thoroughly monochromatic visual image, it cannot be one of transparency.

173. Etwas Weißes hinter einem gefärbten durchsichtigen Medium erscheint in der Farbe des Mediums, etwas Schwarzes schwarz. Nach dieser Regel muß eine schwarze Zeichnung auf weißen Papier hinter einem weißen durchsichtigen Medium so erscheinen wie hinter einem farblosen.

Das[1] ist hier nicht ein Satz der Physik, sondern eine Regel der räumlichen Deutung unserer Gesichtserfahrung. Man könnte auch sagen, es sei eine Regel für den Maler: "Wenn du etwas Weißes hinter einem durchsichtigen Roten darstellen willst, so mußt du's rot malen." Malst du's weiß, so sieht es nicht hinter dem Roten liegend aus.

174. Dort, wo das weiße Papier nur um ein Weniges schwächer beleuchtet ist, erscheint es keineswegs grau, sondern immer weiß.

175. Die Frage ist: Wie muß unser Gesichtsbild beschaffen sein, wenn es uns ein durchsichtiges Medium zeigen soll? Wie muß z.B. die Farbe des Mediums zur Geltung kommen? Sprechen wir physikalisch – obwohl es uns hier nicht unmittelbar auf Gesetze der Physik ankommt – so müßte durch ein rein grünes Glas alles mehr oder weniger dunkel Grün ausschauen. Der hellste Ton wäre der des Mediums. Was man dadurch sieht, hat also Ähnlichkeit mit einer Photographie. Überträgt man das auf's weiße Glas, so sollte alles wieder wie photographiert ausschauen, aber in Tönen zwischen Weiß und Schwarz. Und warum sollte man so ein Glas, – wenn es eins gäbe – nicht *weiß* nennen wollen? Spricht irgend etwas dagegen, bricht die Analogie mit anders gefärbten Gläsern irgendwo zusammen?

176. Ein grüner Glaswürfel sieht, wenn er vor uns liegt, grün aus: Der Gesamteindruck ist grün; so sollte also der des weißen Würfels weiß sein.

177. Wo muß der Würfel weiß erscheinen, damit wir ihn weiß und durchsichtig nennen können?

178. Gibt es *darum* kein Analogon mit Weiß zu einem durchsichtigen grünen Glas, weil die Verwandtschaften und Gegensätze zwischen Weiß und den übrigen Farben anders sind als zwischen Grün und ihnen?

[1] Im MS wird hier durch einen Pfeil auf den Satz "Etwas Weißes...." hingewiesen. *Herausg.*

173. Something white behind a coloured transparent medium appears in the colour of the medium, something black appears black. According to this rule a black drawing on white paper behind a white transparent medium must appear as though it were behind a colourless medium.

That[1] was not a proposition of physics, but rather a rule of the spatial interpretation of our visual experience. We could also say, it is a rule for painters: "If you want to portray something white behind something that is transparent and red, you have to paint it red." If you paint it white, it doesn't look as though it is behind the red thing.

174. In the places where there is only a little less light on the white paper it doesn't seem at all grey, but always white.

175. The question is: What must our visual picture be like if it is to show us a transparent medium? How must, e.g., the colour of the medium appear? Speaking in physical terms – although we are not directly concerned with the laws of physics here – everything seen through a green glass must look more or less dark green. The lightest shade would be that of the medium. That which we see through it is, thus, similar to a photograph. Now if we apply all this to white glass, everything should again look as though it were photographed, but in shades ranging from white to black. And if there were such glass – why shouldn't we want to call it *white*? Is there anything to be said against doing this; does the analogy with glass of other colours break down at any point?

176. A cube of green glass looks green when it's lying in front of us. The overall impression is green; thus the overall impression of the white cube should be white.

177. Where must the cube appear white for us to be able to call it white and transparent?

178. Is it *because* the relationships and contrasts between white and the other colours are different from those between green and the other colours, that for white there is nothing analogous to a transparent green glass?

[1] The MS has an arrow here pointing to "Something white..." above. *Ed.*

179. Fällt Licht durch rotes Glas, so wirft es einen roten Schein; wie sieht nun ein weißer Schein aus? Soll Gelb im weißen Schein weißlich werden, oder bloß hell? Und Schwarz grau, oder soll es Schwarz bleiben?

180. Wir kümmern uns hier nicht um die Tatsachen der Physik, außer insofern sie Gesetze des Augenscheins bestimmen.

181. Es ist nicht ohne weiters klar, von welchem durchsichtigen Glas man sagen soll, es habe die 'gleiche Farbe' wie ein Stück grünes Papier.

182. Ist z.B. das Papier rosa, lila, himmelblau, so wird man sich das Glas etwa *trübe* denken, aber man könnte auch ein nur schwach rötliches etc. klares Glas meinen. Darum wird manchmal etwas farbloses "weiß" gennant.

183. Die Farbe eines durchsichtigen Glases, könnte man sagen, sei die, in welcher eine weiße Lichtquelle, dadurch gesehen, erscheint.
   Ungetrübt *weiß* aber erscheint diese durch ein *farbloses* Glas.

184. Im Kino ist es oft möglich die Vorgänge im Film so zu sehen, als lägen sie hinter der Leinwandebene und diese sei durchsichtig wie eine Glastafel. Zugleich aber würde sie den Vorgängen ihre Farbe nehmen und nur Weiß, Grau und Schwarz durchlassen. Nun ist man aber nicht versucht, sie eine durchsichtige *weiße* Glastafel zu nennen
   Wie würde man denn Dinge durch eine grüne Glastafel sehen? *Ein* Unterschied wäre natürlich, daß diese den Unterschied zwischen hell und dunkel vermindern würde, während jene andre diesen Unterschied nicht berühren soll. Eine 'graue durchsichtige' Tafel würde ihn dann etwa vermindern.

185. Von einer grünen Glastafel würde man etwa sagen, sie gäbe Dingen ihre Farbe. Tut das aber meine 'weiße' Tafel? – Gibt das grüne Medium den Dingen seine Farbe, dann vor allem den *weißen*.

186. Eine dünne Schicht eines gefärbten Mediums färbt die Dinge nur schwach: wie soll ein dünnes 'weißes' Glas sie färben? Soll es ihnen noch nicht alle Farbe entziehen?

42

179. When light comes through it red glass casts a red light; now what would light coming through a white glass look like? Would yellow become whitish in such a light or merely lighter? And would black become grey or would it remain black?

180. We are not concerned with the facts of physics here except insofar as they determine the laws governing how things appear.

181. It is not immediately clear which transparent glass we should say had the 'same colour' as a piece of green paper.

182. If the paper is, e.g. pink, sky-blue or lilac we would imagine the glass to be somewhat *cloudy*, but we could also suppose it to be just a rather weak reddish, etc., clear glass. That's why something colourless is sometimes called "white".

183. We could say, the colour of a transparent glass is that which a white light source would appear when seen through that glass.
　　But seen through a *colourless* glass it appears as uncloudy *white*.

184. In the cinema it is often possible to see the events as though they were occurring behind the screen, as if the screen were transparent like a pane of glass. At the same time, however, the colour would be removed from these events and only white, grey and black would come through. But we are still not tempted to call it a transparent, *white* pane of glass.
　　How, then, would we see things through a pane of green glass? *One* difference would, of course, be that the green glass would diminish the difference between light and dark, while the other one shouldn't have any effect upon this difference. Then a 'grey transparent' pane would somewhat diminish it.

185. We might say of a pane of green glass that it gave things its colour. But does my 'white' pane do that? – If the green medium gives its colour to things, then, above all, to *white* things.

186. A thin layer of a coloured medium colours things only weakly: how should a thin 'white' glass colour them? Shall we suppose that it doesn't quite remove all their colour?

187. "Weißes Wasser wird man sich nicht denken können, was rein ist,..." Das heißt: man kann nicht beschreiben, wie etwas weißes Klares aussähe, und das heißt: man weiß nicht, welche Beschreibung von Einem durch diese Worte gefordert wird.

188. Wir wollen keine Theorie der Farben finden (weder eine physiologische, noch eine psychologische), sondern die Logik der Farbbegriffe. Und diese leistet, was man sich oft mit Unrecht von einer Theorie erwartet hat.

189. Damit daß Einem die Farbwörter durch Hinweisen auf farbige Stücke Papier erklärt wurden, ist der Begriff der *Durchsichtigkeit* noch nicht berührt. Es ist dieser Begriff, der zu den verschiedenen Farbbegriffen ungleiche Beziehungen hat.

190. Wer also sagen wollte, daß man es doch den Farben gar nicht anmerkt, daß ihre Begriffe so verschieden seien, dem muß man antworten, daß er eben auf das Analoge (die Gleichheit) in diesen Begriffen sein Augenmerk gerichtet hat, die Verschiedenheiten aber in den Beziehungen zu andern Begriffen liegen. [Dazu eine bessere Bemerkung.]

191. Wenn die grüne Glastafel den Dingen hinter ihr grüne Farbe gibt, so macht sie Weiß zu Grün, Rot zu Schwarz, Gelb zu Grüngelb, Blau zu Grünlichblau. Die weiße Tafel sollte also alles weißlich machen, also alles *blaß*; und warum dann das Schwarz nicht zu Grau?—Auch ein gelbes Glas verdunkelt, soll ein weißes auch verdunkeln?

192. Jedes gefärbte Medium verdunkelt, was dadurch gesehen wird, es schluckt Licht: Soll nun mein weißes Glas auch verdunkeln? und je dicker es ist, desto mehr? Aber es soll ja Weiß weiß lassen: So wäre ja das 'weiße Glas' eigentlich ein dunkles Glas.

193. Wenn Grün dadurch weißlich wird, warum wird Grau nicht weißlicher und warum dann Schwarz nicht zu Grau?

194. Das gefärbte Glas darf doch die Dinge hinter ihm nicht aufhellen: was soll also z.B. mit etwas Grünem geschehen? Soll ich es als ein Graugrün sehen?[1] Wie soll also etwas Grünes dadurch gesehen werden? Weißlich grün?[1]

[1] Verschiedene Versionen. *Herausg.*

187. "We shouldn't be able to conceive of white water that is pure..." That is to say: we cannot describe how something white could look clear, and that means: we don't know what description is being asked for with these words.

188. We do not want to find a theory of colour (neither a physiological nor a psychological one), but rather the logic of colour concepts. And this accomplishes that which people have often unjustly expected from a theory.

189. Explaining colour words by pointing to coloured pieces of paper does not touch the concept of transparency. It is this concept that stands in unlike relations to the various colour concepts.

190. Thus, if someone wanted to say we don't even notice that the concepts of the different colours are so different, we would have to answer that he had simply paid attention to the analogy (the likeness) between these concepts, while the differences lie in the relations to other concepts. [A better remark on this.]

191. If a pane of green glass gives the things behind it a green colour, it turns white to green, red to black, yellow to greenish yellow, blue to greenish blue. The white pane should, therefore, make everything whitish, i.e. it should make everything *pale*; and, then why shouldn't it turn black to grey? – Even a yellow glass makes things darker, should a white glass make things darker too?

192. Every coloured medium makes the things seen through it darker in that it swallows up light: Now is my white glass supposed to make things darker too, and more so the thicker it is? But it ought to leave white white: So the 'white glass' would really be a dark glass.

193. If green becomes whitish through it, why doesn't grey become more whitish, and why doesn't black then become grey?

194. Coloured glass mustn't make the things behind it lighter: so what should happen in the case of, e.g. something green? Should I see it as a grey-green?[1] then how should something green be seen through it? whitish-green?[1]

[1] Alternative readings. *Ed.*

195. Würden alle Farben weißlich, so würde das Bild mehr und mehr an Tiefe verlieren.

196. Grau ist nicht schlecht beleuchtetes Weiß, Dunkelgrün nicht schlecht beleuchtetes Hellgrün.

Man sagt zwar "In der Nacht sind alle Katzen grau", aber das heißt eigentlich: wir können ihre Farben nicht unterschieden und sie *könnten* auch grau sein.

197. Worin liegt hier der entscheidende Unterschied zwischen Weiß und den andern Farben? Liegt er in der Asymmetrie der Verwandtschaften? und das heißt eigentlich in der besondern Stellung im Farbenoktaeder? Oder ist es vielmehr die ungleiche Stellung der Farben gegen Dunkel und Hell?

198. Was soll der Maler malen, der die Wirkung eines weiß-durchsichtigen Glases hervorrufen will?

Soll Rot und Grün (etc.) weißlich werden?

199. Ist der Unterschied nicht einfach, daß jedes gefärbte Glas das Weiß färben soll, und meines es entweder unverändert lassen oder einfach verdunkeln muß?

200. Weiß durch ein gefärbtes Glas erscheint in der Farbe des Glases. Das ist eine Regel für den Schein der Durchsichtigkeit. So erscheint Weiß durch das weiße Glas weiß, also wie durch ein Ungefärbtes.

201. Lichtenberg redet von 'reinem Weiß' und meint damit die *hellste* der Farben. Niemand könnte so von reinem Gelb reden.

202. Zu sagen, Weiß sei körperlich, ist seltsam, da ja auch Gelb und Rot die Farben von Oberflächen sein können und man sie als solche nicht kategorisch von Weiß unterscheidet.

203. Schaut man einen weißen Würfel mit verschieden hell beleuchteten Flächen durch ein gelbes Glas an, so erscheint er nun gelb und seine Flächen wieder verschieden stark beleuchtet. Wie soll er durch ein weißes Glas ausschauen? Und wie soll ein gelber Würfel durch ein weißes Glas ausschauen?

204. Soll es sein, als hätte man Weiß, oder als hätte man Grau zu seinen Farben gemischt?

195. If all the colours became whitish the picture would lose more and more depth.

196. Grey is not poorly illuminated white, dark green is not poorly illuminated light green.

It is true that we say "At night all cats are grey", but that really means: we can't distinguish what colour they are and they *could* be grey.

197. What constitutes the decisive difference between white and the other colours? Does it lie in the asymmetry of the relationships? And that is really to say, in the special position it has in the colour octohedron? Or is it rather the unlike position of the colours *vis-à-vis* dark and light?

198. What should the painter paint if he wants to create the effect of a white, transparent glass?

Should red and green (etc.) become whitish?

199. Isn't the difference simply that every coloured glass should impart colour to the white, while my glass must either leave it unchanged or simply make it darker?

200. White seen through a coloured glass appears with the colour of the glass. That is a rule of the appearance of transparency. So white appears white through white glass, i.e. as through uncoloured glass.

201. Lichtenberg speaks of 'pure white' and means by that the *lightest* of colours. No one could say that of pure yellow.

202. It is odd to say white is solid, because of course yellow and red can be the colours of surfaces too, and as such, we do not categorially differentiate them from white.

203. If we have a white cube with different strengths of illumination on its surfaces and look at it through a yellow glass, it now looks yellow and its surfaces still appear differently illuminated. How would it look through white glass? And how would a yellow cube look through white glass?

204. Would it be as if we had mixed white or as if we had mixed grey with its colours?

205. Könnte nicht ein Glas Weiß, Schwarz und Grau unverändert lassen und die übrigen Farben weißlich färben? Und käme so etwas nicht am nächsten dem Weißen und Durchsichtigen? Die Wirkung würde dann sein wie eine Photographie, welche eine Spur der natürlichen Farben noch beibehält. Der Dunkelheitsgrad jeder Farbe müßte aber gewahrt und gewiß nicht *vermindert* werden.

206. Soviel kann ich verstehen, daß eine physikalische Theorie (wie die Newtons) die Probleme, die Goethe bewegten, nicht lösen kann, wenn auch er selbst sie nicht gelöst hat.

207. Wenn ich reines Rot durch das Glas ansehe und es sieht grau aus, ist hier wirklich der Graugehalt der Farbe durch das Glas gekommen? D.h.: *scheint* es auch nur so?

208. Warum fühle ich, daß ein weißes Glas das Schwarz färben müßte, wenn es irgendetwas färbt, während ich mir's gefallen lasse, daß das Gelb vom Schwarz verschluckt wird? Ist es nicht, weil das klare Gefärbte vor allem einmal das Weiß färben mußte, und tut es das nicht und ist Weiß, dann ist es trüb.

209. Wenn man stark blinzelnd in eine Gegend schaut, so werden die Farben undeutlich und alles nimmt mehr den Charakter des Schwarzweißen an; aber ist es mir da, als sähe ich durch eine so oder so gefärbte Scheibe?

210. Man spricht oft vom Weißen als unfärbig. Warum? (Man tut es auch, wenn man nicht an die Durchsichtigkeit denkt.)

211. Und es ist merkwürdig, daß das Weiße manchmal auf gleicher Stufe mit den andern reinen Farben erscheint (Flaggen), und manchmal wieder nicht.
   Warum nennt man z.B. ein weißliches Grün oder Rot "nicht *satt*"? Warum *schwächt* das Weiß diese Farben, aber nicht das Gelb? Liegt das an der Psychologie (der Wirkung) der Farben, oder an ihrer Logik? Nun, daß man gewisse Wörter wie "satt", "schmutzig" etc. verwendet, beruht auf Psychologischem; daß man aber überhaupt eine scharfe Unterscheidung macht, deutet auf Begriffliches.

212. Hängt das damit zusammen, daß Weiß *alle* Gegensätze nach und nach aufhebt, während Rot das nicht tut?

205. Wouldn't it be possible for a glass to leave white, black and grey unchanged and make the rest of the colours whitish? And wouldn't this come close to being a white and transparent glass? The effect would then be like a photograph which still retained a trace of the natural colours. The degree of darkness of each colour would then have to be preserved, and certainly not *diminished*.

206. This much I can understand: that a physical theory (such as Newton's) cannot solve the problems that motivated Goethe, even if he himself didn't solve them either.

207. If I look at pure red through glass and it looks grey, has the glass actually given the colour a grey content? I.e.: or does it only *appear* so?

208. Why do I feel that a white glass must colour black if it colours anything, while I can accept the fact that yellow is swallowed up by black? Isn't it because clear coloured glass must colour white above all, and if it doesn't do that and is white, then it is cloudy.

209. If you look at a landscape and screw up your eyes, the colours become less clear and everything begins to take on the character of black and white; but does it seem to me here as if I saw it through a pane of this or that coloured glass?

210. We often speak of white as not coloured. Why? (We even do it when we are not thinking about transparency.)

211. And it is strange that white sometimes appears on an equal footing with the other pure colours (as in flags), and then again sometimes it doesn't.
   Why, for example, do we say that whitish green or red is "not *saturated*"? Why does white, but not yellow, make these colours weaker? Is that a matter of the psychology (the effect) of colours, or of their logic? Well, the fact that we use certain words such as "saturated", "muddy", etc. is a psychological matter; but that we make a sharp distinction at all, indicates that it is a conceptual matter.

212. Is that connected with the fact that white gradually eliminates *all* contrasts, while red doesn't?

213. Ein und dasselbe Thema hat in Moll einen andern Charakter als in Dur, aber von einem Charakter des Moll im allgemeinen zu sprechen ist ganz falsch. (Bei Schubert klingt das Dur oft trauriger als das Moll.) Und so ist es, glaube ich, müßig und ohne Nutzen für das Verständnis der Malerei, von den Charakteren der einzelnen Farben zu reden. Man denkt eigentlich dabei nur an spezielle Verwendungen. Daß Grün als Farbe einer Tischdecke die, Rot jene Wirkung hat, läßt auf ihre Wirkung in einem Bild keinen Schluß zu.

214. Weiß löst alle Farben auf, – tut dies Rot auch?

215. Warum gibt es kein braunes Licht und kein graues? Gibt es auch kein weißes? Ein leuchtender Körper kann weiß erscheinen; aber weder braun noch grau.

216. Warum kann man sich keine Grauglut vorstellen?
Warum kann man sie sich nicht als einen geringeren Grad der Weißglut denken?

217. Daß etwas, was zu leuchten scheint, nicht auch grau erscheinen kann, muß darauf deuten, daß das leuchtende Farblose immer "weiß" heißt, es lehrt uns also etwas über unsern Begriff des Weißen.

218. Ein schwaches weißes Licht ist nicht ein graues Licht.

219. Aber der Himmel, der alles, was wir sehen, beleuchtet, kann doch grau sein! Und wie weiß ich vom bloßem Augenschein, daß er nicht selbst leuchtet?

220. D.h. etwa: 'grau' oder 'weiß' ist etwas nur in einer bestimmten Umgebung.

221. Ich sage hier nicht, was die Gestaltpsychologen sagen: daß der *Eindruck des Weißen* so und so zustande komme. Sondern die Frage ist gerade: was der Eindruck des Weißen sei, was die Bedeutung dieses Ausdrucks, die Logik des Begriffes 'weiß' ist.

222. Denn, daß man sich etwas 'Grauglühendes' nicht denken kann, gehört nicht in die Psychologie der Farbe.

213. One and the same musical theme has a different character in the minor than in the major, but it is completely wrong to speak of the character of the minor mode in general. (In Schubert the major often sounds more sorrowful than the minor.)

And in this way I think that it is worthless and of no use whatsoever for the understanding of painting to speak of the characteristics of the individual colours. When we do it, we are really only thinking of special uses. That green as the colour of a tablecloth has this, red that effect, does not allow us to draw any conclusions as to their effect in a picture.

214. White cancels out all colours, – does red do this too?

215. Why is there no brown nor grey light? Is there no white light either? A luminous body can appear white but neither brown nor grey.

216. Why can't we imagine a grey-hot?
Why can't we think of it as a lesser degree of white-hot?

217. That something which seems luminous cannot also appear grey must be an indication that something luminous and colourless is always called "white"; this teaches us something about our concept of white.

218. A weak white light is not a grey light.

219. But the sky which illumines everything that we see *can* be grey! And how do I know merely by its appearance that it isn't itself luminous?

220. That is to say roughly: something is 'grey' or 'white' only in a particular surrounding.

221. I am not saying here what the Gestalt psychologists say: that the *impression of white* comes about in such and such a way. Rather the question is precisely: what is the impression of white, what is the meaning of this expression, what is the logic of this concept 'white'?

222. For the fact that we cannot conceive of something 'grey-hot' does not pertain to the psychology of colours.

III–222

223. Denk dir, es würde uns gesagt, daß eine Substanz mit grauer Flamme brennt. Du kennst doch nicht die Farbe der Flammen sämtlicher Stoffe: warum sollte das also nicht möglich sein? Und doch hieße es nichts. Wenn ich so etwas hörte, würde ich nur denken, die Flamme sei *schwach leuchtend.*

224. Was leuchtend *aussieht,* sieht nicht grau aus. Alles Graue *sieht* beleuchtet *aus.*

Daß aber etwas 'leuchtend aussehen' kann, das macht die Verteilung der Helligkeiten im Gesehenen, aber es gibt auch ein 'etwas *als* leuchtend sehen', man kann unter gewissen Umständen, reflektiertes Licht für das Licht eines leuchtenden Körpers halten.

225. Ich könnte also etwas *jetzt* als schwach leuchtend, *jetzt* als grau sehen.

226. Was man als leuchtend sieht, sieht man nicht als grau. Wohl aber kann man es als weiß sehen.

227. Man redet von einem 'dunkelroten Schein', aber nicht von einem 'schwarzroten'.

228. Es gibt einen *Eindruck* des Leuchtens.

229. Es ist nicht dasselbe zu sagen: der Eindruck des Weißen oder Grauen kommt nur unter diesen Bedingungen zustande (kausal), und daß er der Eindruck eines bestimmten Kontextes ist (Definition). (Das erste ist Gestaltpsychologie, das zweite Logik).

230. 'Urphänomen' ist z.B. was Freud an den einfachen Wunschträumen zu erkennen glaubte. Das Urphänomen ist eine vorgefaßte Idee, die von uns Besitz ergreift.

231. Erschiene mir in der Nacht ein Gespenst, so könnte es mit einem schwachen weißlichen Schein leuchten; sähe es aber grau aus, so müßte das Licht von woanders zu kommen scheinen.

232. Die Psychologie, wenn sie vom Schein spricht, verbindet Schein mit Sein. Wir aber können vom Schein allein sprechen, oder wir verbinden Schein und Schein.

223. Imagine we were told that a substance burns with a grey flame. You don't know the colours of the flames of all substances: so why shouldn't that be possible? And yet it would mean nothing. If I heard such a thing, I would only think that the flame was *weakly luminous*.

224. Whatever *looks* luminous does not look grey. Everything grey *looks* as though it is being illumined.

That something can 'appear luminous' is caused by the distribution of lightness in what is seen, but there is also such a thing as 'seeing something *as* luminous'; under certain circumstances one can take reflected light to be the light from a luminous body.

225. I could, then, see something *now* as weakly luminous, *now* as grey.

226. What we see as luminous we don't see as grey. But we can certainly see it as white.

227. We speak of a 'dark red light', but not of a 'black-red light'.

228. There is such a thing as the *impression* of luminosity.

229. It is not the same thing to say: the impression of white or grey comes about under such and such conditions (causally), and to say that it is the impression of a certain context (definition). (The first is Gestalt psychology, the second logic.)

230. The "primary phenomenon" (*Urphänomen*) is, e.g., what Freud thought he recognized in simple wish-fulfilment dreams. The primary phenomenon is a preconceived idea that takes possession of us.

231. If a ghost appeared to me during the night, it could glow with a weak whitish light; but if it looked grey, then the light would have to appear as though it came from somewhere else.

232. When psychology speaks of appearance, it connects it with reality. But we can speak of appearance alone, or we connect appearance with appearance.

233. Man könnte sagen, die Farbe des Gespenstes sei die, die ich auf der Palette mischen muß, um es genau abzumalen.
Wie aber bestimmt man, was das genaue Bild ist?

234. Die Psychologie verbindet das Erlebte mit etwas Physischem, wir aber das Erlebte mit Erlebtem.

235. Man könnte Halbdunkel im Halbdunkel malen. Und die 'richtige Beleuchtung' eines Bildes könnte das Halbdunkel sein. (Bühnenmalerei.)

236. Eine glatte weiße Fläche kann spiegeln: Wie nun, wenn man sich irrte, und das, was in einer solchen Fläche gespiegelt erscheint, wirklich hinter ihr wäre und durch sie gesehen würde? Wäre sie dann weiß-durchsichtig? Auch dann entspräche, was wir sehen, nicht dem färbigen Durchsichtigen.

237. Man spricht von einem 'schwarzen Spiegel'. Aber wenn er spiegelt, *verdunkelt* er zwar, sieht aber nicht schwarz aus und sein Schwarz 'schmutzt' nicht.

238. Warum ertrinkt Grün im Schwarz, und Weiß nicht?

239. Es gibt Farbbegriffe, die sich nur auf die visuelle Erscheinung einer Fläche beziehen, und es könnte solche geben, die sich nur auf die Erscheinung durchsichtiger Medien, oder vielmehr den visuellen Eindruck solcher, beziehen. Man könnte auch ein weißes Glanzlicht auf Silber etwa nicht "weiß" nennen wollen, und es von der weißen Farbe einer Oberfläche unterscheiden. Daher, glaube ich, das Reden von "durchsichtigem" Licht.

240. Wenn man einem Kind die Farbbegriffe so beibrächte, daß man auf gefärbte Flammen, oder gefärbte durchsichtige Körper zeigte, so würde die Eigentümlichkeit von Weiß, Grau und Schwarz klarer zu Tage kommen.

241. Daß nicht alle Farbbegriffe logisch gleichartig sind, sieht man leicht. Man sieht leicht den Unterschied der Begriffe: 'Farbe des Goldes' oder 'Farbe des Silbers' und 'gelb' oder 'grau'.
Daß aber ein einigermaßen verwandter Unterschied zwischen 'Weiß' und 'Rot' besteht, ist schwer zu sehen.

233. We might say, the colour of the ghost is that which I must mix on the palette in order to paint it accurately.

But how do we determine what the accurate picture is?

234. Psychology connects what is experienced with something physical, but we connect what is experienced with what is experienced.

235. We could paint semi-darkness in semi-darkness. And the 'right lighting' of a picture could be semi-darkness. (Stage scene-painting.)

236. A smooth white surface can reflect things: But what, then, if we made a mistake and that which appeared to be reflected in such a surface were really behind it and seen through it? Would the surface then be white and transparent? Even then what we saw would not correspond to something coloured and transparent.

237. We speak of a 'black mirror'. But when it mirrors, it darkens, of course, but it doesn't look black, and its black doesn't 'smirch'.

238. Why is green drowned in the black, while white isn't?

239. There are colour concepts that only refer to the visual appearance of a surface, and there might be such as refer only to the appearance of transparent media, or rather to the visual impression of such media. We might want not to call a white high-light on silver, say, "white", and differentiate it from the white colour of a surface. I believe this is where the talk of "transparent" light comes from.

240. If we taught a child the colour concepts by pointing to coloured flames, or coloured transparent bodies, the peculiarity of white, grey and black would show up more clearly.

241. It is easy to see that not all colour concepts are logically of the same kind. It is easy to see the difference between the concepts: 'the colour of gold' or 'the colour of silver' and 'yellow' or 'grey'.

But it is hard to see that there is a somewhat related difference between 'white' and 'red'.

III–241

242. Milch ist nicht darum undurchsichtig, weil sie weiß ist, – als wäre das Weiß etwas undurchsichtiges.

Wenn schon 'Weiß' ein Begriff ist, der sich nur auf eine visuelle Oberfläche bezieht, warum gibt es dann nicht einen dem 'Weiß' verwandten Farbbegriff, der sich auf Durchsichtiges bezieht?

243. Ein Medium, durch welches ein schwarz und weißes Muster (Schachbrett) unverändert erscheint, wird man nicht weiß gefärbt nennen wollen, auch wenn es die übrigen Farben ins Weißliche verändert.

244. Grau und schwach erleuchtetes oder leuchtendes Weiß kann in *einem* Sinne die gleiche Farbe sein, denn wenn ich dieses *male*, muß ich vielleicht auf der Palette jenes mischen.

245. Ob ich etwas als grau oder als weiß sehe, kann davon abhängen, wie ich die Dinge um mich beleuchtet sehe. In einem Zusammenhang ist die Farbe für mich weiß in schlechter Beleuchtung, im andern grau in guter Beleuchtung.

246. Der Eimer, den ich vor mir sehe, ist glänzend weiß glasiert, ich könnte ihn unmöglich "grau" nennen oder sagen: "Ich sehe eigentlich grau". Aber er hat ein Glanzlicht, das weit heller ist als seine übrige Fläche, und, da er rund ist, geht er vom Licht allmählich in den Schatten über, ohne doch anders gefärbt zu erscheinen.

247. Welches ist die Farbe des Eimers an *dieser* Stelle? Wie soll ich's entscheiden?

248. Es gibt zwar nicht Phänomenologie, wohl aber phänomenologische Probleme.

249. Man möchte sagen: Beimischung von Rot verdünnt die Farben nicht, Beimischung von Weiß verdünnt sie.

Anderseits empfindet man Rosa oder ein weißliches Blau nicht immer als verdünnt.

250. Kann man sagen: "Leuchtendes Grau ist Weiß"?

251. Die Schwierigkeiten, die wir beim Nachdenken über das Wesen der Farben begegnen (mit denen sich Goethe durch die Farbenlehre auseinandersetzen wollte), liegen schon darin beschlossen, daß wir nicht nur einen Begriff der Farbengleichheit haben, sondern deren mehrere, mit einander verwandte.

242. Milk is not opaque because it is white, – as if white were something opaque.

If 'white' is a concept which only refers to a visual surface, why isn't there a colour concept related to 'white' that refers to transparent things?

243. We wouldn't want to call a medium white-coloured, if a black and white pattern (chess board) appeared unchanged when seen through it, even if this medium changed other colours into whitish ones.

244. Grey or a weakly illumined or luminous white can in one sense be the same colour, for if I *paint* the latter I may have to mix the former on the palette.

245. Whether I see something as grey or as white can depend upon how I see the things around me illumined. To me in one context the colour is white in poor light, in another it is grey in good light.

246. The bucket which I see in front of me is glazed gleaming white; I couldn't possibly call it grey or say "I really see grey". But it has a highlight that is far lighter than the rest of its surface, and because it is round there is a gradual transition from light to shadow, yet without there seeming to be a change of colour.

247. What colour is the bucket at this spot? How should I decide this question?

248. There is indeed no such thing as phenomenology, but there *are* phenomenological problems.

249. We would like to say: when you mix in red you do not thin down the colours, when you mix in white you do.

On the other hand, we don't always perceive pink or a whitish blue as thinned down.

250. Can we say: "Luminous grey is white"?

251. The difficulties which we encounter when we reflect about the nature of colours (those difficulties which Goethe wanted to deal with through his theory of colour) are contained in the fact that we have not *one* but several related concepts of the sameness of colours.

252. Die Frage ist: Welcher Art muß das Gesichtsbild sein, wenn wir es das eines gefärbten durchsichtigen Mediums nennen sollen? Oder auch: Wie muß etwas ausschauen, damit es uns als gefärbt und durchsichtig erscheint? Dies ist keine Frage der Physik, aber mit physikalischen Fragen verbunden.

253. Wie ist unser Gesichtsbild beschaffen, welches wir dasjenige eines farbigen durchsichtigen Mediums nennen?

254. Es gibt scheinbar, was man "Stoffarben" und was man "Oberflächenfarben" nennen kann.

255. Unsre Farbbegriffe beziehen sich manchmal auf Substanzen (Schnee ist weiß), manchmal auf Oberflächen (dieser Tisch ist braun), manchmal auf die Beleuchtung (im rötlichen Abendschein), manchmal auf durchsichtige Körper. Und gibt es nicht auch eine Anwendung auf eine Stelle im Gesichtsfeld logisch unabhängig von einem räumlichen Zusammenhang?

Kann ich nicht sagen: "Dort sehe ich weiß" (und es etwa malen), auch wenn ich das Gesichtsbild gar nicht räumlich deuten kann? (Fleckfarbe) (Ich denke an eine pointillistische Malweise.)

256. Eine Farbe allgemein benennen können, heißt noch nicht, sie genau kopieren können. Vielleicht kann ich sagen "Dort sehe ich eine rötliche Stelle" und kann doch nicht eine Farbe mischen, die ich als genau gleich anerkenne.

257. Male etwa, was du siehst, wenn du die Augen schließt! Und doch kannst du es *ungefähr* beschreiben.

258. Denke an die Farben von poliertem Silber, Nickel, Chrom etc., oder an die Farbe eines Ritzers in diesen Metallen.

259. Ich gebe einer Farbe einen Namen "F" und sage, es sei die Farbe, die ich *dort* sehe. Oder vielleicht male ich mein Gesichtsbild und sage dann einfach "Ich sehe *dies*". Nun, welche Farbe ist an *dieser* Stelle meines Bildes? Wie bestimm ich es? Ich führe etwa das Wort "Kobaldblau" ein: Wie fixiere ich, was 'K' ist? Ich könnte ein Papier als Paradigma dieser Farbe nehmen oder den Farbstoff in einem Topf. Wie bestimmt ich nun, daß eine Oberfläche (z.B.) diese Farbe habe? Alles kommt auf die Vergleichsmethode an.

252. The question is: What must the visual image be like if we ought to call it that of a coloured, transparent medium? Or again: How must something look for it to appear to us as coloured and transparent? This is not a question of physics, but it is connected with physical questions.

253. What is the nature of a visual image that we would call the image of a coloured transparent medium?

254. There seem to be what we can call "colours of substances" and "colours of surfaces".

255. Our colour concepts sometimes relate to substances (Snow is white), sometimes to surfaces (this table is brown), sometimes to the illumination (in the reddish evening light), sometimes to transparent bodies. And isn't there also an application to a place in the visual field, logically independent of a spatial context?

Can't I say "there I see white" (and paint it, for example) even if I can't in any way give a three-dimensional interpretation of the visual image? (Spots of colour.) (I am thinking of pointillist painting.)

256. To be able generally to name a colour, is not the same as being able to copy it exactly. I can perhaps say "There I see a reddish place" and yet I can't mix a colour that I recognize as being exactly the same.

257. Try, for example, to paint what you see when you close your eyes! And yet you can *roughly* describe it.

258. Think of the colours of polished silver, nickel, chrome, etc. or of the colour of a scratch in these metals.

259. I give a colour the name "F" and I say it is the colour that I see *there*. Or perhaps I paint my visual image and then simply say "I see *this*". Now, what colour is at *this* spot in my image? How do I determine it? I introduce, say, the word "cobalt blue": How do I fix what 'C' is? I could take as the paradigm of this colour a paper or the dye in a pot.

How do I now determine that a surface (for example) has this colour? Everything depends on the method of comparison.

260. Was man den "farbigen" Gesamteindruck einer Oberfläche nennen kann, ist nicht etwa eine Art arithmetisches Mittel aller Farben der Oberfläche.

261. ["Ich sehe (höre fühle etc) X"
                  "Ich beobachte X"
X steht das erste und zweite mal nicht für den gleichen Begriff, auch wenn beidemale der gleiche Ausdruck steht z.B. "einen Schmerz". Denn auf den ersten Satz könnte die Frage folgen "Was für einen Schmerz?" und dies könnte man beantworten, indem man den Fragenden mit einer Nadel sticht. Folgt aber die Frage "Was für einen Schmerz?" auf den zweiten Satz, so muß die Antwort von andrer Art sein, z.B. "Den Schmerz in meiner Hand."]

262. Ich möchte sagen "An *dieser* Stelle in meinem Gesichtsfeld ist *diese* Farbe (ganz abgesehen von jeder Deutung)". Aber wozu gebrauche ich diesen Satz? *"Diese"* Farbe muß ja eine sein, die ich reproduzieren kann. Und es muß bestimmt sein, unter welchen Umständen ich von etwas sage, es habe diese Farbe.

263. Denk, jemand zeigte auf eine Stelle einer Iris in einem Rembrandtschen Gesicht und sagte "Die Wand in meinem Zimmer soll in dieser Farbe gemalt werden."

264. Daß wir sagen können, "Diese Stelle in meinem Gesichtsfeld ist graugrün", bedeutet nicht, daß wir wissen, was eine genaue Kopie dieses Farbtons zu nennen wäre.

265. Ich male die Aussicht von meinem Fenster; eine bestimmte Stelle, bestimmt durch ihre Lage in der Architektur eines Hauses, male ich mit Ocker. Ich sage "Diese Stelle sehe ich in dieser Farbe."
     Das bedeutet nicht, daß ich an dieser Stelle die Farbe Ocker sehe, denn der Farbstoff mag, so umgeben, mir viel heller oder dunkler oder rötlicher (etc.) als Ocker erscheinen.
     Ich kann etwa sagen "So, wie ich sie hier (mit Ocker) gemalt habe, sehe ich diese Stelle; nämlich als ein stark rötliches Gelb."
     Wie aber, wenn man von mir verlangte, den *genauen* Farbton anzugeben, der mir hier erscheint? Wie soll ich ihn angeben und wie bestimmen? Man könnte z.B. von mir verlangen, daß ich ein Farbmuster, ein rechteckiges Stück Papier von dieser Farbe, herstelle. Ich sage nicht, daß so ein Vergleich ohne jedes Interesse ist, aber er

260. What we can call the "coloured" overall impression of a surface is by no means a kind of arithmetical mean of all the colours of the surface.

261. ["I see (hear, feel, etc.) X"
            "I am observing X"
X does not stand for the same concept the first time and the second, even if the same expression, e.g. "a pain", is used both times. For the question "what kind of a pain?" could follow the first proposition and one could answer this by sticking the questioner with a needle. But if the question "what kind of a pain?" follows the second proposition, the answer must be of a different sort, e.g. "The pain in my hand."]

262. I would like to say "*this* colour is at *this* spot in my visual field (completely apart from any interpretation)". But what would I use this sentence for? "This" colour must (of course) be one that I can reproduce. And it must be determined under what circumstances I say something is this colour.

263. Imagine someone pointing to a spot in the iris in a face by Rembrandt and saying "the wall in my room should be painted this colour."

264. The fact that we can say "This spot in my visual field is grey-green" does not mean that we know what to call an exact reproduction of this shade of colour.

265. I paint the view from my window; one particular spot, determined by its position in the architecture of a house, I paint ochre. I say "I see this spot in this colour."
    That does not mean that I see the colour ochre at this spot, for the pigment may appear much lighter or darker or more reddish (etc.) than ochre, in these surroundings.
    I can perhaps say "I see this spot the way I have painted it here (with ochre); but it has a strongly reddish look to me."
    But what if someone asked me to give the *exact* shade of colour that appears to me here? How should I describe it and how should I determine it? Someone could ask me, for example, to produce a colour sample, a rectangular piece of paper of this colour. I don't say

III–265

zeigt, daß nicht von vorherein klar ist, wie Farbtöne zu vergleichen sind, und also: was hier "Farbengleichheit" bedeutet.

266. Denken wir uns ein Gemälde in kleine Stücke von annähernd gleichmäßiger Färbung zerchnitten und diese Stücke dann als Steine eines Zusammenlegspieles verwendet. Auch dort, wo ein solcher Stein nicht einfärbig ist, soll er keine räumliche Form andeuten, sondern als flacher Farbfleck erscheinen. Erst im Zusammenhang mit den andern wird er ein Stück Himmel, ein Schatten, ein Glanz, eine konkave oder konvexe Fläche etc.

267. Man könnte also sagen, dies Zusammenlegspiel zeige die eigentlichen Farben der Stellen des Bildes.

268. Man könnte geneigt sein, zu glauben, eine Analyse unsrer Farbbegriffe führe am Ende zu den Farben von Stellen unsres Gesichtsfelds, die von jeder räumlichen oder physikalischen Deutung unabhängig wären, denn hier gebe es weder Beleuchtung noch Schatten, noch Glanz, noch Durchsichtigkeit oder Undurchsichtigkeit, etc.

269. Was uns als einfärbiger heller Strich ohne Breite auf dunklem Grunde erscheint, kann weiß aussehen, aber nicht grau.(?) Ein Planet könnte nicht hellgrau aussehen.

270. Würde man aber nicht unter Umständen den Punkt oder den Strich als grau *deuten*? (Denke an eine Photographie.)

271. Sehe ich wirklich die Haare des Jungen auf der Photographie blond?! – Seh ich sie grau?

Schließe ich nur, daß, was auf dem Bild *so* ausschaut, in Wirklichkeit blond sein muß?

In *einem* Sinne *sehe* ich sie blond, in einem andern heller und dunkler grau.

272. 'Dunkelrot' und 'Schwarzrot' sind nicht gleichartige Begriffe. Ein Rubin kann in der Durchsicht dunkelrot erscheinen, aber, wenn er klar ist, nicht schwarzrot. Der Maler mag ihn durch einen schwarzroten Fleck darstellen, aber im Bild wird dieser Fleck nicht schwarzrot wirken. Er wird mit Tiefe gesehen, sowie das Flache dreidimensional erscheint.

that such a comparison is utterly uninteresting, but it shows that it isn't from the outset clear how shades of colour are to be compared, and therefore, what "sameness of colour" means here.

266. Imagine a painting being cut up into small almost mono-chromatic bits which are then used as pieces in a puzzle. Even when such a piece is not monochromatic, it should not indicate any three-dimensional shape, but should appear as a flat colour-patch. Only together with the other pieces does it become a bit of sky, a shadow, a high-light, a concave or convex surface, etc..

267. Thus we might say that this puzzle shows us the actual colours of the various spots in the picture.

268. One might be inclined to believe that an analysis of our colour concepts would lead ultimately to the colours of places in our visual field, which would be independent of any spatial or physical inter-pretation, for here there would be neither illumination nor shadow nor high-light, nor transparency nor opaqueness, etc..

269. Something which appears to us as a light monochromatic line without breadth on a dark background can look white but not grey(?). A planet couldn't look light grey.

270. But wouldn't we *interpret* the point or the line as grey under certain circumstances? (Think of a photograph.)

271. Do I actually see the boy's hair blond in the photograph?! – Do I see it grey?
Do I only *infer* that whatever looks *this way* in the picture, must in reality be blond?
In one sense I see it blond, in another I see it lighter or darker grey.

272. 'Dark red' and 'blackish red' are not the same sort of concepts. A ruby can appear dark red when one looks through it, but if it's clear it cannot appear blackish red. The painter may depict it by means of a blackish red patch, but in the picture this patch will not have a blackish red effect. It is seen as having depth, just as the plane appears to be three-dimensional.

273. Im Film, wie auf der Photographie, sehen Gesicht und Haare nicht *grau* aus, sie machen einen ganz natürlichen Eindruck; Speisen auf einer Schüssel dagegen sehen im Film oft grau und darum unappetitlich aus.

274. Was heißt es aber, Haar sehe auf der Photographie blond aus? Wie zeigt sich's daß es so *aussieht* und auf die Farbe nicht nur *geschlossen* wird? Welche unsrer Reaktionen läßt uns das sagen? — Sieht denn ein Kopf in Stein oder Gips nicht weiß aus?

275. Wenn selbst das Wort "blond" blond *klingen* kann, wie viel eher können die photographierten Haare blond ausschauen!

276. Nun, ich würde die Photographie ganz natürlich mit den Worten beschreiben: "An einer Maschine steht ein Mann mit dunklem und ein Junge mit zurückgekämmtem blondem Haar." So würde ich die *Photographie* beschreiben, und wenn Einer sagte, das beschreibe nicht sie, sondern die Objekte, die wahrscheinlich photographiert wurden, so könnte ich nur sagen, das Bild sieht so aus *als wären* die Haare von dieser Farbe gewesen.

277. Wenn ich aufgefordert würde, die Photographie zu beschreiben, würde ich es in jenen Worten tun.

278. Der Farbenblinde versteht die Aussage, er sei farbenblind. Der Blinde die, er sei blind. Aber sie können nicht alle Anwendungen dieser Sätze machen, die der Normale macht. Denn wie dieser Sprachspiele mit Farbworten z.B. beherrscht, die jene nicht erlernen können, so auch Sprachspiele mit den Worten "farbenblind" und "blind".

279. Kann man dem Blinden beschreiben, wie das ist, wenn Einer *sieht?* — Doch; ein Blinder lernt ja manches über den Unterschied zwischen ihm und dem Sehenden. Und doch möchte man auf jene Frage Nein antworten. — Ist sie aber nicht irreführend gestellt? Man kann einem, der nicht Fußball spielt, sowie einem, der es spielt, beschreiben, 'wie das ist, wenn Einer Fußball spielt', dem letztern vielleicht, damit er die Beschreibung auf ihre Richtigkeit prüfe. Kann man denn dem Sehenden beschreiben, wie das ist, wenn Einer sieht? Aber man *kann* ihm doch erklären, was Blindheit ist! D.h., man kann ihm das charakteristische Benehmen des Blinden beschreiben und man kann ihm die Augen verbinden. Anderseits kann man den Blinden nicht zeitweise sehend machen; wohl aber ihm das Benehmen des Sehenden beschreiben.

273. In a film, as in a photograph, face and hair do not look *grey*, they make a very natural impression; on the other hand, food on a plate often looks grey and therefore unappetizing in a film.

274. What does it mean, though, that hair looks blond in a photograph? How does it come out that it *looks* this way as opposed to our simply *concluding* that this is its colour? Which of our reactions makes us say that? – Doesn't a stone or plaster head look white?

275. If the word "blond" itself can sound blond, then it's even easier for photographed hair to look blond!

276. It would be very natural for me to describe the photograph in these words "A man with dark hair and a boy with combed-back blond hair are standing by a machine." This is how I would describe the *photograph*, and if someone said that doesn't describe it but the objects that were probably photographed, I could say the picture looks *as though* the hair had been that colour.

277. If I were called upon to describe the photograph, I'd do it in these words.

278. The colour-blind understand the statement that they are colour-blind. The blind, the statement that they are blind. But they can't use these sentences in as many different ways as a normal person can. For just as the normal person can master language-games with, e.g. colour words, which they cannot learn, he can also master language-games with the words "colour-blind" and "blind".

279. Can one explain to a blind person what it's like to *see*? – Certainly; the blind do learn a great deal about the difference between themselves and the sighted. And yet, we want to answer no to this question. – But isn't it posed in a misleading way? We can describe both to someone who does not play soccer and to someone who does 'what it's like to play soccer', perhaps to the latter so that he can check the correctness of the description. Can we then describe to the sighted person what it is like to see? But we *can* certainly explain to him what blindness is! I.e. we can describe to him the characteristic behaviour of a blind person and we can blindfold him. On the other hand, we cannot make a blind person see for a while; we can, however, describe to him how the sighted behave.

280. Kann man sagen 'Farbenblindheit' (oder 'Blindheit') sei ein Phänomen, 'Sehen' nicht?

Das wurde etwa heißen: "Ich sehe" ist eine Äußerung, "Ich bin blind" nicht. Aber das ist doch nicht wahr. Man hält mich auf der Straße oft für blind. Ich könnte einem, der es tut, sagen "Ich sehe", d.h.: ich bin nicht blind.

281. Man könnte sagen: Es ist ein Phänomen, daß es Leute gibt, die das und das nicht erlernen können. Dies Phänomen ist die Farbenblindheit. – Sie wäre also eine Unfähigkeit; das Sehen aber die Fähigkeit.

282. Ich sage dem B, der nicht Schach spielen kann: "A kann Schach nicht erlernen". B kann das verstehen. – Aber nun sage ich Einem, der überhaupt nicht im Stande ist irgend ein Spiel zu erlernen, der und der könne ein Spiel nicht erlernen. Was weiß jener vom Wesen eines Spiels? Kann er z.B. nicht einen gänzlich falschen Begriff von einem Spiel haben? Nun, er mag verstehen, man könne weder ihn noch den Andern zu einer Unterhaltung einladen, weil sie keine Spiele spielen können.

283. Kommt alles, was ich hier sagen will, darauf hinaus, daß die Äußerung "Ich sehe einen roten Kreis" und die "Ich sehe, bin nicht blind" logisch verschieden sind? Wie prüft man einen Menschen, um zu finden, ob die erste Aussage wahr ist? wie, ob die zweite wahr ist? Die Psychologie lehrt Farbenblindheit zu konstatieren, und eben dadurch auch normales Sehen. Aber *wer* kann dies erlernen?

284. Ich kann niemand ein Spiel lehren, das ich selbst nicht erlernen kann. Ein Farbenblinder kann den Normalsehenden nicht den normalen Gebrauch der Farbwörter lehren. Ist das wahr? Er kann ihm das Spiel, den Gebrauch nicht *vorführen*.

285. Könnte nicht der Angehörige eines farbenblinden Volkes auf den Gedanken kommen, sich fremdartige Menschen auszumalen (die wir "normalsehend" nennen würden)? Könnte er so einen normal Sehenden nicht z.B. auf dem Theater darstellen? Wie er auch einen darstellen kann, der die Gabe der Prophetie hat, ohne sie zu haben. Das ist zum mindesten denkbar.

280. Can we say 'colour-blindness' (or 'blindness') is a phenomenon and 'seeing' is not?

That would mean something like: "I see" is expression, "I am blind" is not. But after all that's not true. People on the street often take me for blind. I could say to someone who does this "I see", i.e. I am not blind.

281. We could say: It is a phenomenon that there are people who can't learn this or that. This phenomenon is colour-blindness. — It would therefore be an inability; seeing, however, would be the ability.

282. I say to B, who cannot play chess: "A can't learn chess". B can understand that. — But now I say to someone who is absolutely unable to learn any game, so-and-so can't learn a game. What does he know of the nature of a game? Mightn't he have, e.g. a completely wrong concept of a game? Well, he may understand that we can't invite either him or the other one to a party, because they can't play any games.

283. Does everything that I want to say here come down to the fact that the utterance "I see a red circle" and "I see, I'm not blind" are logically different? How do we test a person to find out if the first statement is true? And to find out if the second is true? Psychology teaches us how to determine colour-blindness, and thereby normal vision too. But *who* can learn this?

284. I can't teach anyone a game that I can't learn myself. A colour-blind person cannot teach a normal person the normal use of colour words. Is that true? He can't give him a *demonstration* of the game, of the use.

285. Couldn't a member of a tribe of colour-blind people get the idea of imagining a strange sort of human being (whom we would call "normally sighted")? Couldn't he, for example, portray such a normally sighted person on the stage? In the same way as he is able to portray someone who has the gift of prophesy without having it himself. It's at least conceivable.

III–285

286. Wären aber Farbenblinde je darauf verfallen, sich selbst "farbenblind" zu nennen? – Warum nicht?

Wie aber könnten 'normal Sehende' den 'normalen' Gebrauch der Farbwörter erlernen, wenn sie die Ausnahmen in einer farbenblinden Bevölkerung wären? – Ist es nicht möglich, daß sie eben Farbworte 'normal' gebrauchen, vielleicht, in den Augen der Andern, gewisse Fehler machen, bis diese die ungewöhnlichen Fähigkeiten endlich schätzen lernten?

287. Ich kann mir vorstellen (ausmalen), wie es mir erscheinen wird, wenn ich so einen Menschen treffe.

288. Ich kann mir vorstellen, wie ein Mensch handeln würde, dem das unwichtig ist, was mir wichtig ist. Aber kann ich mir seinen *Zustand* vorstellen? – Was heißt das? – Kann ich mir den Zustand Eines vorstellen, dem wichtig ist, was mir wichtig ist?

289. Ich könnte auch Einen genau nachmachen, der eine Multiplikation rechnet, ohne selbst das Multiplizieren erlernen zu können.

Und ich könnte dann Andre nicht multiplizieren lehren, obwohl es denkbar wäre, daß ich den Anstoß dazu gäbe, daß Einer es erlernt.

290. Ein Farbenblinder kann offenbar die Prüfung schildern, bei der seine Farbenblindheit zu Tage kam. Und was er hernach schildern kann, das hätte er auch erfinden können.

291. Kann man Einem höhere Mathematik beschreiben, außer indem man sie ihm beibringt? Oder auch: *Ist* dieser Unterricht eine *Beschreibung* der Rechnungsart? Einem das Tennisspiel beschreiben heißt *nicht*, es ihn lehren (u.u). Anderseits: wer nicht wüßte, was Tennis ist und es nun spielen lernt, der weiß es dann. ("Knowledge by description and knowledge by acquaintance.")

292. Wer absolutes Gehör hat, kann ein Sprachspiel erlernen, welches ich nicht erlernen kann.

293. Man könnte sagen, die Begriffe der Menschen zeigen, worauf es ihnen ankommt und worauf nicht. Aber nicht als *erklärte* das die besondern Begriffe, die sie haben. Es soll nur die Auffassung ausschließen, als hätten wir richtige, andre Leute falsche Begriffe. (Es gibt einen Übergang von einem Rechenfehler zu einer andern Art des Rechnens.)

286. But would it ever occur to colour-blind people to call themselves "colour-blind"? – Why not?

But how could 'normally sighted people' learn the 'normal' use of colour words, if they were the exceptions in a colour-blind population? – Isn't it possible that they just use colour words 'normally', and perhaps, in the eyes of the others they make certain mistakes, until the others finally learn to appreciate these unusual abilities.

287. I can imagine (depict), how it would seem to me if I met such a person.

288. I can imagine how a human being would behave who regards that which is important to me as unimportant. But can I imagine his *state*? – What does that mean? Can I imagine the state of someone who considers important what I consider important?

289. I could even exactly imitate someone who was doing a multiplication problem without being able to learn multiplication myself.

And I couldn't then teach others to multiply, although it would be conceivable that I gave someone the impetus to learn it.

290. A colour-blind person can obviously describe the test by which his colour-blindness was discovered. And what he can subsequently describe, he could also have invented.

291. Can one describe higher mathematics to someone without thereby teaching it to him? Or again: *Is* this instruction a *description* of the kind of calculation? To describe the game of tennis to someone is *not* to teach it to him (and vice versa). On the other hand, someone who didn't know what tennis is, and now learns to play, then knows what it is. ("Knowledge by description and knowledge by acquaintance".)

292. Someone who has perfect pitch can learn a language-game that I cannot learn.

293. We could say people's concepts show what matters to them and what doesn't. But it's not as if this *explained* the particular concepts they have. It is only to rule out the view that we have the right concepts and other people the wrong ones. (There is a continuum between an error in calculation and a different mode of calculating.)

294. Wenn Blinde, wie sie es gern tun, vom blauen Himmel und anderen spezifisch visuellen Erscheinungen reden, sagt der Sehende oft "Wer weiß, was er sich darunter vorstellt". Warum sagt er es aber nicht von jedem andern Sehenden? Es ist natürlich überhaupt ein falscher Ausdruck.

295. Das, worüber ich so langwierig schreibe, kann einem Andern mit unverdorbenerem Verstande selbstverständlich sein.

296. Wir sagen: "Denken wir uns Menschen, welche *dieses* Sprachspiel nicht kennen." Aber damit haben wir noch keine klare Vorstellung vom Leben dieser Menschen, wo es vom unsern abweicht. Wir wissen noch nicht, was wir uns vorzustellen haben; denn das Leben jener Menschen soll ja im übrigen dem unsern entsprechen und es ist erst zu bestimmen, was wir unter den neuen Umständen, ein dem unsern entsprechendes Leben nennen würden.

Ist es nicht, als sagte man: Es gibt Menschen, die ohne den König Schach spielen? Es treten sofort Fragen auf: Wer gewinnt nun, wer verliert, u.a. Du mußt *weitere* Entscheidungen treffen, die du in jener ersten Bestimmung noch nicht vorhersiehst. Wie du ja auch die ursprüngliche Technik nicht übersiehst, nur daß sie dir von Fall zu Fall geläufig ist.

297. Zur Verstellung gehört auch, daß man Verstellung beim Andern für möglich halte.

298. Wenn Menschen sich so benehmen, daß wir Verstellung vermuten möchten, aber diese Menschen zeigen untereinander kein Mißtrauen, dann ergeben sie doch nicht das Bild von Menschen, die sich verstellen.

299. 'Wir müssen uns immer wieder über diese Leute wundern.'

300. Wir könnten gewisse Leute auf der Bühne darstellen und ihnen Selbstgespräche (asides) in ihren Mund legen, die sie natürlich im wirklichen Leben nicht aussprächen, die aber doch ihren Gedanken entsprächen. Fremdartige Menschen aber könnten wir so nicht darstellen. Selbst, wenn wir ihre Handlungen voraussehen könnten, könnten wir ihnen keine passenden Selbstgespräche in den Mund legen.

Und doch ist auch in dieser Betrachtungsweise etwas Falsches. Denn Einer könnte, während er handelt, wirklich etwas zu sich selbst sagen und dies könnte z.B. ganz konventionell sein.

294. When blind people speak, as they like to do, of blue sky and other specifically visual phenomena, the sighted person often says "Who knows what he imagines that to mean" – But why doesn't he say this about other sighted people? It is, of course, a wrong expression to begin with.

295. That which I am writing about so tediously, may be obvious to someone whose mind is less decrepit.

296. We say: "Let's imagine human beings who don't know *this* language-game". But this does not give us any clear idea of the life of these people, of where it deviates from ours. We don't yet know what we have to imagine; for the life of these people *is* supposed to correspond to ours for the rest, and it first has to be determined what we would call a life that corresponds to ours under the new circumstances.

Isn't it as if we said: There are people who play chess without the king? Questions immediately arise: Who wins now, who loses, etc. You have to make *further* decisions which you didn't foresee in that first statement. Just as you don't have an overview of the original technique, you are merely familiar with it from case to case.

297. It is also a part of dissembling, to regard others as capable of dissembling.

298. If human beings acted in such a way that we were inclined to suspect them of dissembling, but they showed no mistrust of one another, then this doesn't present a picture of people who dissemble.

299. 'We cannot help but be constantly surprised by these people'.

300. We could portray certain people on the stage and have them speak in monologues (asides) things that in real life they of course would not say out loud, but which would nevertheless correspond to their thoughts. But we couldn't portray an alien kind of humans this way. Even if we could predict their behaviour, we couldn't give them the appropriate asides.

And yet there's something wrong with this way of looking at it. For someone might actually say something to himself while he was going about doing things, and this could simply be quite conventional.

III–300

56e

301. Daß ich eines Menschen Freund sein kann beruht darauf, daß er die gleichen oder ähnliche *Möglichkeiten* hat wie ich selbst.

302. Wäre es richtig zu sagen, in unsern Begriffen spiegelt sich unser Leben?
Sie stehen mitten in ihm.

303. Die Regelmäßigkeit unsrer Sprache durchdringt unser Leben.

304. Von wem würden wir sagen, er habe unsern Begriff des Schmerzes nicht? Ich könnte annehmen, er kenne Schmerzen nicht, aber ich will annehmen, er kenne sie; er gibt also Schmerzäußerungen von sich und man könnte ihm die Worte "Ich habe Schmerzen" beibringen. Soll er auch fähig sein sich seiner Schmerzen zu erinnern? – Soll er Schmerzäußerungen der Andern als solche erkennen; und wie zeigt sich das? Soll er Mitleid zeigen – Soll er gespielten Schmerz *als solchen* verstehen?

305. "Ich weiß nicht, *wie* ärgerlich er war." "Ich weiß nicht, ob er *wirklich* ärgerlich war." – Weiß er's selbst? Nun fragt man ihn, und er sagt "Ja, ich war's."

306. Was ist denn das: die *Unsicherheit* darüber, ob der Andre ärgerlich war? Ist es ein Zustand der Seele des Unsichern? Warum soll der uns beschäftigen? Sie liegt in dem Gebrauch der Aussage "Er ist ärgerlich."

307. Aber Einer ist unsicher, der Andre kann sicher sein: er 'kennt den Gesichtsausdruck' dieses Menschen, wenn er ärgerlich ist. Wie lernt er dieses Anzeichen des Ärgers als solches kennen? Das ist nicht leicht zu sagen.

308. Aber nicht nur: "Was heißt es über den Zustand des Andern unsicher sein?" – sondern auch: "Was heißt es 'Wissen, sicher sein, daß jener sich ärgert'?"

309. Hier könnte man nun fragen, was ich denn eigentlich will, wieweit ich die Grammatik behandeln will.

310. Es ist etwas gemeinsam der Sicherheit, daß er mich besuchen wird, und der Sicherheit, daß er sich ärgert. Es ist auch etwas dem Tennisspiel und dem Schachspiel gemeinsam, aber niemand würde

301. That I can be someone's friend rests on the fact that he has the same *possibilities* as I myself have, or similar ones.

302. Would it be correct to say our concepts reflect our life?
They stand in the middle of it.

303. The rule-governed nature of our languages permeates our life.

304. When would we say of someone, he doesn't have our concept of pain? I could assume that he knows no pain, but I want to assume that he does know it; we thus assume he gives expressions of pain and we could teach him the words "I have pain". Should he also be capable of remembering his pain? – Should he recognize expressions of pain in others as such; and how is this revealed? Should he show pity? – should he understand make-believe pain *as being just that*?

305. "I don't know *how* irritated he was". "I don't know if he was *really* irritated". – Does he know himself? Well, we ask him, and he says, "Yes, I was."

306. What then is this *uncertainty* about whether the other person was irritated? Is it a mental state of the uncertain person? Why should we be concerned with that? It lies in the use of the expression "He is irritated".

307. But *one* is uncertain, another may be certain: he 'knows the look on this person's face' when he is irritated. How does he learn to know this sign of irritation as being such? That's not easy to say.

308. But it is not only: "What does it mean to be uncertain about the state of another person?" – but also "What does it mean 'to *know*, to be certain, that that person is irritated'?"

309. Here it could now be asked what I really want, to what extent I want to deal with grammar.

310. The certainty that he will visit me and the certainty that he is irritated have something in common. The game of tennis and the game of chess have something in common, too, but no one would

hier sagen: "Ganz einfach: sie spielen beide male, nur eben etwas andres." Man sieht in *diesem* Falle die Unähnlichkeit mit "Er ißt einmal eine Apfel, ein andermal eine Birne", während man sie in jenem Fall nicht so leicht sieht.

311. "Ich weiß, daß er gestern angekommen ist" – "Ich weiß, daß 2 × 2 = 4 ist." – "Ich weiß, daß er Schmerzen hatte" – "Ich weiß, daß dort ein Tisch steht."

312. Ich weiß jedesmal, nur immer etwas anderes? *Freilich,* – aber die Sprachspiele sind weit verschiedener, als es uns bei diesen Sätzen zu Bewußtsein kommt.

313. "Die Welt der physikalischen Gegenstände und die Welt des Bewußtseins." Was weiß ich von *dieser*? Was mich meine Sinne lehren? Also, wie das ist, wenn man sieht, hört, fühlt etc. etc. – Aber lerne ich das wirklich? Oder lerne ich wie das ist, wenn *ich jetzt* sehe, höre etc. und *glaube*, daß es auch früher so war?

314. Was ist eigentlich die '*Welt*' des Bewußtseins? Da möchte ich sagen: "Was in meinem Geist vorgeht, jetzt in ihm vorgeht, was ich sehe, höre, ..." Könnten wir das nicht vereinfachen und sagen: "Was ich jetzt sehe." –

315. Die Frage ist offenbar: Wie vergleichen wir physikalische Gegenstände — wie Erlebnisse?

316. Was ist eigentlich die 'Welt des Bewußtseins'? – Was in meinem Bewußtsein ist: was ich jetzt sehe, höre, fühle . . . . – Und was, z.B., sehe ich jetzt? Darauf kann die Antwort nicht sein: "Nun, *alles das*", mit einer umfassenden Gebärde.

317. Wenn der an Gott Glaubende um sich sieht und fragt "Woher ist alles, was ich sehe?" "Woher das alles?", verlangt er *keine* (kausale) Erklärung; und der Witz seiner Frage ist, daß sie der Ausdruck dieses Verlangens ist. Er drückt also eine Einstellung zu allen Erklärungen aus. – Aber wie zeigt sich die in seinem Leben? Es ist die Einstellung, die eine bestimmte Sache ernst nimmt, sie aber dann an einem bestimmten *Punkte* doch nicht ernst nimmt, und erklärt, etwas anderes sei noch ernster.

So kann Einer sagen, es ist sehr ernst, daß der und der gestorben ist, ehe er ein bestimmtes Werk vollenden konnte; und in anderem

say here: "It is very simple: they play in both cases, it's just that each time they play something different." *This* case shows us the dissimilarity to "One time he eats an apple, another time a pear", while in the other case it is not so easy to see.

311. "I know, that he arrived yesterday" – "I know, that $2 \times 2 = 4$" – "I know that he had pain" – "I know that there is a table standing there".

312. In each case I know, it's only that it's always something different? *Oh yes*, – but the language-games are far more different than these sentences make us conscious of.

313. "The world of physical objects and the world of consciousness". What do I know of *the latter*? What my senses teach me? I.e. how it is, if one sees, hears, feels, etc., etc. – But do I really learn that? Or do I learn what it's like when *I now* see, hear, etc., and I *believe* that it was also like this before?

314. What actually is the '*world*' of consciousness? There I'd like to say: "What goes on in my mind, what's going on in it now, what I see, hear, ..." Couldn't we simplify that and say: "What I am now seeing." –

315. The question is clearly: How do we compare physical objects – how do we compare experiences?

316. What actually is the 'world of consciousness'? – That which is in my consciousness: what I am now seeing, hearing, feeling. . . . – And what, for example, am I now seeing? The answer to that cannot be: "Well, *all that*" accompanied by a sweeping gesture.

317. When someone who believes in God looks around him and asks "Where did everything that I see come from?" "Where did everything come from?" he is *not* asking for a (causal) explanation; and the point of his question is that it is the expression of such a request. Thus, he is expressing an attitude toward all explanations. – But how is this shown in his life? It is the attitude that takes a particular matter seriously, but then at a particular point doesn't take it seriously after all, and declares that something else is even more serious.

In this way a person can say it is very serious that so-and-so died

Sinne kommt's darauf gar nicht an. Hier gebraucht man die Worte "in einem tiefern Sinne".

Eigentlich möchte ich sagen, daß es auch hier nicht auf die *Worte* ankommt, die man ausspricht oder auf das, was man dabei denkt, sondern auf den Unterschied, den sie an verschiedenen Stellen im Leben machen. Wie weiß ich, daß zwei Menschen das gleiche meinen, wenn jeder sagt, er glaubt an Gott? Und ganz dasselbe kann man bezüglich der drei Personen sagen. Die Theologie, die auf den Gebrauch *gewisser* Worte und Phrasen dringt und andere verbannt, macht nichts klarer. (Karl Barth.) Sie fuchtelt sozusagen mit Worten herum, weil sie etwas sagen will und nicht weiß, wie man es ausdrücken kann. *Die Praxis* gibt den Worten ihren Sinn.

318. Ich beobachte diesen Fleck. "Jetzt ist er *so*" – dabei zeige ich etwa auf ein Bild. Ich mag ständig das gleiche *beobachten* und was ich *sehe*, mag dabei gleichbleiben, oder sich ändern. Was ich beobachte und was ich sehe hat nicht die gleiche Art der Identität. Denn die Worte "dieser Fleck" z.B. lassen die Art der Identität, die ich meine, nicht erkennen.

319. "Die Psychologie beschreibt die Phänomene der Farbenblindheit und auch des normalen Sehens." Was sind die 'Phänomene der Farbenblindheit'? Doch die Reaktionen des Farbenblinden, durch die er sich vom Normalen unterscheidet. Doch nicht *alle* Reaktionen des Farbenblinden, z.B. auch die, durch welche er sich vom Blinden unterscheidet.——Kann ich den Blinden lehren, was Sehen ist, oder kann ich den Sehenden dies lehren? Das heißt nichts. Was heißt es denn: das *Sehen* zu beschreiben? Aber ich kann Menschen die Bedeutung der Worte "blind" und "sehend" lehren und zwar lernt sie der Sehende, wie der Blinde. Weiß denn der Blinde, wie das ist, wenn man sieht? Aber weiß es der Sehende?! Weiß er auch, wie es ist, Bewußtsein zu haben?

Aber kann nicht der Psychologe den Unterschied zwischen dem Benehmen des Sehenden und des Blinden beobachten? (Der Meteorologe den Unterschied zwischen Regen und Trockenheit?) Man könnte doch z.B. den Unterschied des Benehmens beobachten von Ratten, denen man die Barthaare genommen hat, und von unverstümmelten. Und das könnte man nennen vielleicht, die Rolle dieses Tastapparates zu beschreiben—Das Leben der Blinden ist anders als das Leben der Sehenden.

320. Der Normale kann z.B. erlernen, nach Diktat zu schreiben. Was ist das? Nun, der Eine spricht, der Andre schreibt was jener

before he could finish a certain work; and in another sense it doesn't matter at all. Here we use the words "in a profounder sense".

What I actually want to say is that here too it is not a matter of the *words* one uses or of what one is thinking when using them, but rather of the difference they make at various points in life. How do I know that two people mean the same when both say they believe in God? And one can say just the same thing about the Trinity. Theology which insists on the use of *certain* words and phrases and bans others, makes nothing clearer (Karl Barth). It, so to speak, fumbles around with words, because it wants to say something and doesn't know how to express it. *Practices* give words their meaning.

318. I observe this patch. "Now it's like *so*" – and simultaneously I point to e.g. a picture. I may constantly *observe* the same thing and what I *see* may then remain the same, or it may change. What I observe and what I see do not have the same (kind of) identity. Because the words "this patch", for example, do not allow us to recognize the (kind of) identity I mean.

319. "Psychology describes the phenomena of colour-blindness as well as those of normal sight." What are the 'phenomena of colour-blindness'? Certainly the reactions of the colour-blind person which differentiate him from the normal person. But certainly not *all* of the colour-blind person's reactions, for example, not those that distinguish him from a blind person. – Can I teach the blind what seeing is, or can I teach this to the sighted? That doesn't mean anything. Then what does it mean: to describe *seeing*? But I can teach human beings the meaning of the words "blind" and "sighted", and indeed the sighted learn them, just as the blind do. Then do the blind know what it is like to see? But do the sighted know? Do they also know what it's like to have consciousness?

But can't psychologists observe the difference between the behaviour of the sighted and the blind? (Meteorologists the difference between rain and drought?). We certainly could, e.g. observe the difference between the behaviour of rats whose whiskers had been removed and of those which were not mutilated in this way. And perhaps we could call that describing the role of this tactile apparatus. – The lives of the blind are different from those of the sighted.

320. The normal person can, e.g. learn to take dictation. What is that? Well, one person speaks and the other writes down what he

spricht. Sagt er also z.B. den Laut *a*, so schreibt der Andre das Zeichen "a" etc. – Muß nun nicht, wer diese Erklärung *versteht*, das Spiel entweder schon gekannt haben, nur vielleicht nicht unter diesem Namen, – oder es durch die Beschreibung gelernt haben? Aber Karl der Große hat gewiß das Prinzip des Schreibens verstanden und doch nicht schreiben lernen können. So kann also auch der die Beschreibung der Technik verstehen, der diese nicht erlernen kann. Aber es gibt eben zwei Fälle des Nicht-Erlernen-Könnens. In einem erlangen wir bloß eine Fertigkeit nicht, im andern fehlt uns das Verständnis. Man kann Einem ein Spiel *erklären*: Er mag diese Erklärung verstehen, aber das Spiel nicht erlernen können, oder unfähig sein, eine Erklärung des Spiels zu verstehen. Es ist aber auch das Umgekehrte denkbar.

321. "Du siehst den Baum, der Blinde sieht ihn nicht." Das müßte ich einem Sehenden sagen. Und also einem Blinden: "Du siehst den Baum nicht, wir sehen ihn"? Wie wäre das, wenn der Blinde zu sehen glaubte, oder ich glaubte, ich könnte nicht sehen?

322. Ist es ein Phänomen, daß ich den Baum sehe? Es ist eins, daß ich dies richtig als Baum erkenne, daß ich nicht blind bin.

323. "Ich sehe einen Baum" als Äußerung des visuellen Eindrucks, ist es die Beschreibung eines Phänomens? *Welches* Phänomens? Wie kann ich Einem dies erklären?

Und ist es nicht doch für den Andern ein Phänomen, daß ich diesen Gesichtseindruck habe? Denn es ist etwas, was er beobachtet, aber nicht etwas, was ich beobachte.

Die Worte "Ich sehe einen Baum" sind nicht die Beschreibung eines Phänomens. (Ich könnte z.B. nicht sagen "Ich sehe einen Baum! Wie merkwürdig!", wohl aber: "Ich sehe einen Baum, obwohl keiner da ist. Wie merkwürdig!")

324. Oder soll ich sagen: "Der Eindruck ist kein Phänomen; daß L. W. diesen Eindruck hat, ist eins"?

325. (Man könnte sich denken, daß Einer den Eindruck gleichsam wie einen Traum, vor sich hinspricht, ohne das Pronomen der ersten Person.)

says. Thus, if he says e.g. the sound *a*, the other writes the symbol "a", etc. Now mustn't someone who *understands* this explanation either already have known the game, only perhaps not by this name, – or have learnt it from the description? But Charlemagne certainly understood the principle of writing and still couldn't learn to write. Someone can thus also understand the description of a technique yet not be able to learn it. But there are two cases of not-being-able-to-learn. In the one case we merely fail to acquire a certain competence, in the other we lack comprehension. We can *explain* a game to someone: He may understand this explanation, but not be able to learn the game, or he may be incapable of understanding my explanation of the game. But the opposite is conceivable as well.

321. "You see the tree, the blind do not see it". This is what I would have to say to a sighted person. And so do I have to say to the blind: "You do not see the tree, we see it"? What would it be like for the blind man to believe that he saw, or for me to believe I couldn't see?

322. Is it a phenomenon that I see the tree? It is one that I correctly recognize this as a tree, that I am not blind.

323. "I see a tree", as the expression of the visual impression, – is this the description of a phenomenon? *What* phenomenon? How can I explain this to someone?

And yet isn't the fact that I have this visual impression a phenomenon for someone else? Because it is something that he observes, but not something that I observe.

The words "I am seeing a tree" are not the description of a phenomenon. (I couldn't say, for example, "I am seeing a tree! How strange!" , but I could say: "I am seeing a tree, but there's no tree there. How strange!")

324. Or should I say: "The impression is not a phenomenon; but that L.W. has this impression is one"?

325. (We could imagine someone talking to himself and describing the impression as one does a dream, without using the first person pronoun.)

326. Beobachten ist nicht das gleiche wie betrachten oder anblicken. "Betrachte diese Farbe und sag, woran sie dich erinnert." Ändert sich die Farbe, so betrachtest du nicht mehr die, welche ich meinte.

Man beobachtet, um zu sehen, was man nicht sähe, wenn man nicht beobachtet[e].

327. Man sagt etwa: "Betrachte diese Farbe für einige Zeit." Das tut man aber nicht, um mehr zu *sehen*, als man auf den ersten Blick gesehen hatte.

328. Könnte in einer "Psychologie" der Satz stehen: "Es gibt Menschen, welche *sehen*"?

Nun, wäre das falsch? – Aber wem wird hier etwas mitgeteilt? (Und ich meine nicht nur: Was mitgeteilt wird, sei schon längst bekannt.)

329. Ist mir bekannt, daß ich sehe?

330. Man könnte sagen wollen: Wenn es solche Menschen nicht gäbe, so auch den Begriff des *Sehen*s nicht. – Aber könnten nicht Marsbewohner so etwas sagen? Sie haben etwa durch Zufall zuerst lauter Blinde bei uns kennen gelernt.

331. Und wie kann es unsinnig sein, zu sagen "es gibt Menschen, welche sehen", wenn es nicht unsinnig ist, zu sagen, es gibt Menschen, welche blind sind?

Aber der Sinn des Satzes "Es gibt Menschen, welche sehen", d.h. seine mögliche Verwendung, ist jedenfalls nicht sogleich klar.

332. Könnte das Sehen nicht *Ausnahme* sein? Aber beschreiben könnten es weder die Blinden noch die Sehenden, es sei denn als Fähigkeit das und das zu tun. Z.B. auch, gewisse Sprachspiele zu spielen; aber da muß man achtgeben, wie man diese Sprachspiele beschreibt.

333. Sagt man "Es gibt Menschen, welche sehen", so folgt die Frage: "Und was *ist* 'sehen'?" Und wie soll man sie beantworten? Indem man dem Fragenden den Gebrauch des Wortes "Sehen" beibringt?

334. Wie wäre es mit dieser Erklärung: "Es gibt Menschen, die sich benehmen wie du und ich, und nicht wie dieser da, der Blinde"?

326. To observe is not the same thing as to look at or to view.

"Look at this colour and say what it reminds you of". If the colour changes you are no longer looking at the one I meant.

One observes in order to see what one would not see if one did not observe.

327. We say, for example "Look at this colour for a certain length of time". But we don't do that in order to *see* more than we had seen at first glance.

328. Could a "Psychology" contain the sentence: "There are human beings who see"?

Well, would that be false? – But to whom would this communicate anything? (And I don't just mean: what is being communicated is a long familiar fact.)

329. Is it a familiar fact to me that I see?

330. We might want to say: If there were no such humans, then we wouldn't have the concept of *seeing*. – But couldn't Martians say something like this? Somehow, by chance, the first humans they met were all blind.

331. And how can it be meaningless to say "there are humans who see," if it is not meaningless to say there are humans who are blind?

But the meaning of the sentence "there are humans who see", i.e. its possible use at any rate, is not immediately clear.

332. Couldn't seeing be the *exception*? But neither the blind nor the sighted could describe it, except as an ability to do this or that. Including e.g. playing certain language-games; but there we must be careful how we describe these games.

333. If we say "there are humans who see", the question follows "And what *is* 'seeing'?" And how should we answer it? By teaching the questioner the use of the word "see"?

334. How about this explanation: "There are people who behave like you and me, and not like that man over there, the blind one"?

335. "Du kannst, mit offenen Augen, über die Straße gehen, ohne überfahren zu werden etc."
Die Logik der *Mitteilung*.

336. Damit, daß ein Satz von der Form einer Mitteilung eine Verwendung hat, ist noch nichts über die *Art* seiner Verwendung gesagt.

337. Kann der Psychologe mir mitteilen, was Sehen ist? Was *nennt* man "mitteilen, was Sehen ist"?
Nicht der Psychologe lehrt mich den Gebrauch des Wortes "sehen".

338. Wenn der Psychologe uns mitteilt "Es gibt Menschen, welche sehen", so können wir ihn fragen "Und was nennst du Menschen, welche sehen'?" Darauf wäre die Antwort von der Art "Menschen, die unter den und den Umständen so und so reagieren, sich so und so benehmen". "Sehen" wäre ein Fachwort des Psychologen, das er uns erklärt. Sehen ist dann etwas, was er an dem Menschen beobachtet hat.

339. Wir lernen die Ausdrücke "ich sehe...", "er sieht..." etc. gebrauchen, ehe wir zwischen Sehen und Blindheit unterscheiden lernen.

340. "Es gibt Menschen, welche reden können.", "Ich kann einen Satz sagen.", "Ich kann das Wort 'Satz' aussprechen.", "Wie Du siehst, bin ich wach.", "Ich bin hier."

341. Es gibt doch eine Belehrung darüber, unter welchen Umständen ein gewisser Satz eine Mitteilung sein kann. Wie soll ich diese Belehrung nennen?

342. Kann man sagen, ich habe *beobachtet*, daß ich und Andre mit offenen Augen gehen können, ohne anzustoßen, und daß wir's mit geschlossenen Augen nicht können?

343. Wenn ich Einem mitteile, ich sei nicht blind, ist das eine Beobachtung? Ich kann ihn jedenfalls durch mein Benehmen davon überzeugen.

335. "With your eyes open, you can cross the street and not be run over, etc."

The logic of *information*.

336. To say that a sentence which has the form of information has a use, is not yet to say anything about the *kind* of use it has.

337. Can the psychologist inform me what seeing is? What do we *call* "informing someone what seeing is?"

It is not the psychologist who teaches me the use of the word "seeing".

338. If the psychologist informs us "There are people who see", we could ask him "And what do you call 'People who see'?" The answer to that would be of the sort "Human beings who react so-and-so, and behave so-and-so under such-and-such circumstances". "Seeing" would be a technical term of the psychologist, which he explains to us. Seeing is then something which he has observed in human beings.

339. We learn to use the expressions "I see . . .", "he sees . . .", etc. before we learn to distinguish between seeing and blindness.

340. "There are people who can talk", "I can say a sentence", "I can pronounce the word 'sentence'", "As you see, I am awake", "I am here".

341. There is surely such a thing as instruction in the circumstances under which a certain sentence can be a piece of information. What should I call this instruction?

342. Can I be said to have observed that I and other people can go around with our eyes open and not bump into things and that we can't do this with our eyes closed?

343. When I tell someone I am not blind, is that an observation? I can, in any case, convince him of it by my behaviour.

344. Ein Blinder könnte leicht herausfinden, ob auch ich blind sei; indem er z.B. eine bestimmte Handbewegung macht und mich fragt, was er getan hat.

345. Können wir uns nicht einen blinden Volkstamm denken? Könnte er nicht unter besondern Bedingungen lebensfähig sein? Und könnte es nicht als Ausnahme Sehende geben?

346. Angenommen, ein Blinder sagte zu mir: "Du kannst gehen, ohne irgendwo anzustoßen, ich kann es nicht" – wäre der erste Teil des Satzes eine Mitteilung?

347. Nun, er sagt mir nichts Neues.

348. Es scheint Sätze zu geben, die den Charakter von Erfahrungs-sätzen haben, deren Wahrheit aber für mich unanfechtbar ist. D.h., wenn ich annehme, daß sie falsch sind, muß ich allen meinen Urteilen mißtrauen.

349. Es gibt jedenfalls Irrtümer, die ich als gewöhnlich hinnehme, und solche, die andern Charakter haben, und von meinen übrigen Urteilen als eine vorübergehende *Verwirrung* abgekapselt werden müssen. Aber gibt es nicht auch Übergänge zwischen diesen beiden?

350. Wenn man den Begriff des Wissens in diese Untersuchung bringt, so nützt das nichts; denn Wissen ist nicht ein psychologischer Zustland, durch dessen Besonderheiten sich nun allerlei erklärt. Die besondere Logik des Begriffs 'wissen' ist vielmehr nicht die des psychologischen Zustands.

344. A blind man could easily find out if I am blind too; by, for example, making a certain gesture with his hand, and asking me what he did.

345. Couldn't we imagine a tribe of blind people? Couldn't it be capable of sustaining life under certain circumstances? And mightn't sighted people occur as exceptions?

346. Suppose a blind man said to me: "You can go about without bumping into anything, I can't" – Would he be communicating anything to me in the first part of the sentence?

347. Well, he's not telling me anything new.

348. There seem to be propositions that have the character of experiential propositions, but whose truth is for me unassailable. That is to say, if I assume that they are false, I must mistrust all my judgements.

349. There are, in any case, errors which I take to be commonplace and others that have a different character and which must be set apart from the rest of my judgements as temporary *confusions*. But aren't there transitional cases between these two?

350. If we introduce the concept of knowing into this investigation, it will be of no help; because knowing is not a psychological state whose special characteristics explain all kinds of things. On the contrary, the special logic of the concept "knowing" is not that of a psychological state.